Didaktik und Methodik des Pädagogikunterrichts

Didaktik der Pädagogik

herausgegeben im Auftrag
der Gesellschaft Didaktik der Pädagogik e.V. (GeDiPäd e.V.)
von Carsten Püttmann und Jörn Schützenmeister

Band 4

Volker Ladenthin

Didaktik und Methodik des Pädagogikunterrichts

Eine Grundlegung

Waxmann 2018
Münster • New York

Bibliografische Informationen der Deutschen Nationalbibliothek
Die Deutsche Nationalbibliothek verzeichnet diese Publikation in
der Deutschen Nationalbibliografie; detaillierte bibliografische
Daten sind im Internet über http://dnb.dnb.de abrufbar.

Didaktik der Pädagogik, Bd. 4

ISSN 2366-5122
Print-ISBN 978-3-8309-3829-3
E-Book-ISBN 978-3-8309-8829-8

© Waxmann Verlag GmbH, 2018
Steinfurter Straße 555, 48159 Münster

www.waxmann.com
info@waxmann.com

Umschlaggestaltung: Inna Ponomareva, Düsseldorf
Titelbild: © Arthimedes – shutterstock.com
Satz: Stoddart Satz- und Layout Service, Münster

Gedruckt auf alterungsbeständigem Papier,
säurefrei gemäß ISO 9706

Inhalt

Vorwort

Thema des Buches ist die Didaktik des Pädagogikunterrichts. Wenn man das Inhaltsverzeichnis studiert, wird man das Wort Didaktik zwei Mal in den Überschriften finden: Einmal als Komplementärbegriff zur Methodik, zum anderen als Gesamttitel. Dies spiegelt den öffentlichen und wissenschaftlichen Umgang mit dem Wort: Einmal bezeichnet *Didaktik* „die Frage nach der Auswahl der Unterrichtsinhalte und ihrer Anordnung"[1], ein andermal wird das Wort als „übergreifende Bezeichnung für erziehungswissenschaftliche Forschung, Theorie- und Konzeptbildung im Hinblick auf alle Formen intentionaler (zielgerichteter), in irgendeinem Grade reflektierter Lehre (im Sinn von Lern-Hilfe) und auf das im Zusammenhang mit solcher Lehre sich vollziehende Lernen verwendet"[2]. Beide Bedeutungen werden von mir verwandt.

Gefragt ist nach der Gesamtplanung von Pädagogikunterricht in fast allen Kontexten, nicht nur dem der Schule: Was ist Pädagogik? Was ist Pädagogikunterricht? Soll es ihn geben? Wenn ja, wie gestaltet man ihn? Es sind die grundlegenden didaktischen Fragen (nach Voraussetzungen, Ziel, Inhalt und Methode), die angesichts der Absicht, „Pädagogik (in der Schule) zu unterrichten" gestellt werden – und gestellt werden müssen. Es sind notwendige Fragen.[3]

Eine Bemerkung zum gendergerechten Schreiben. In der deutschen Sprache haben die männliche Form und die Gattungsbezeichnung oft das gleiche grammatische Geschlecht und mithin die gleiche optische Erscheinung („Homographie"): Der Lehrer (Gattung); der Lehrer (m)/die Lehrerin (w). Ähnliches kommt in allen Sprachen vor: So nennt man im Englischen die oben genannte Person „teacher" („a person who teaches", wie das Wörterbuch weiß) und wenn man unterscheiden will, dann ergänzt man „female teacher" oder „male teacher". Aber „teacher" bleibt. So, ganz globalisiert, werde ich es auch halten. Natürlich gilt das auch für die Fälle, in denen die Gattungsbezeichnung den gleichen Morphembefund aufweist wie das Feminin: z. B. bei „die Person" oder „die Spitzenkraft".

Der Gattungsbegriff bezeichnet alle die, die unter ihm versammelt sind: „Das Kind: damit sind Mädchen und Jungen gemeint." Sollte eine Ge-

---

1   Art.: Didaktik, In: Rekus, Jürgen; Mikhail, Thomas: Neues schulpädagogisches Wörterbuch. (Neuausgabe) Weinheim und Basel 2013. S. 52.

2   Klafki, Wolfgang: Art.: Didaktik. In: Tenorth, Heinz-Elmar; Tippelt, Rudolf (Hg.): BELTZ Lexikon der Pädagogik. Weinheim und Basel 2007. S. 158–161. Hier S. 158f.

3   Rekus, Jürgen: Die Aufgabe der Didaktik heute. In: Vierteljahrsschrift für wissenschaftliche Pädagogik 79 (2003). H. 1. S. 62–73.

schlechtsdifferenzierung notwendig sein, dann nehme ich sie auch vor. Ob ich an einer Textstelle den Gattungsbegriff gebrauche oder die (morphologisch betrachtet gleiche) geschlechtsspezifische Form, ergibt sich stets unmittelbar aus dem Text, so wie es sich ja aus dem Text (und, wie wir es bei Ludwig Wittgenstein lernen konnten, aus dem Kontext) ergibt, ob man die Bank (zum Sitzen) oder die Bank (zum Sparen) meint, ob die Kinder rasten oder rasten (einmal auf dem Rad, einmal auf dem Spielplatz).

Dieses Buch hat viele indirekte Mitautoren. Für die Hilfen bei der Endredaktion danke ich Kamil Viktor Gizenski, Beate Halter, Christina Marx und Jared Schmitt, Emma Seiltz sowie Jeanette Neuburg.

Zum Inhalt haben – direkt und indirekt – wesentlich beigetragen die fachkundigen, freundlichen und geduldigen Kolleginnen und Kollegen vom Verband der Pädagogiklehrerinnen und Pädagogiklehrer (VdP) und von der Gesellschaft für die Didaktik der Pädagogik (GeDiPäd) (ohne dass sie jedoch Verantwortung für das trügen, was ich geschrieben habe). Ich kann nicht alle nennen, aber doch diejenigen, mit denen ich in den letzten Jahren in der Sache mehrfach und intensiv gesprochen habe, nämlich Klaus Beyer, Eckehardt Knöpfel, Carsten Püttmann, Jörn Schützenmeister, Elmar Wortmann und in besonderer Weise Christoph Storck, dessen viel zu früher Tod eine immer noch schmerzende Lücke hinterlassen hat. Seinem Andenken sei dieses Buch gewidmet.

Volker Ladenthin, Bonn, im Februar 2018

Didaktik des Pädagogikunterrichts

Die folgenden Überlegungen wollen begründen, warum es an Schulen Pädagogikunterricht geben sollte, welche Inhalte das Fach umfassen, welche Ziele es erreichen soll, und wie das Fach zu strukturieren wäre.[4] Diese Überlegungen nehmen keineswegs Stellung zu vorhandenen „Didaktiken des Pädagogikunterrichts"[5] oder zur Lehrplanproblematik[6], deren Vielfalt begrüßt und vorausgesetzt wird. Sondern es wird versucht, auf der Ebene der Grundlegung Argumente vorzuführen.

1) Zuerst wird *Pädagogik* als sinnvolle Handlungsform des Menschen ausgewiesen.
2) Dann wird das so herausgearbeitete *Proprium des Pädagogischen* systematisch und applikationsbezogen ausdifferenziert.
3) Anschließend wird die Notwendigkeit eines *Schulfaches* Pädagogik geprüft,
4) um dann die *didaktische Differenz* zwischen Wissenschaft und Schulfach aufzuzeigen.
5) Schließlich werden Kriterien für die Bestimmung von *Inhaltsbereichen* und Inhalten entwickelt und
6) *Lernzieldimensionen* ausdifferenziert.

In eigens drucktechnisch hervorgehobenen Feldern werden gelegentlich kleine Texte abgedruckt, die den zuvor dargestellten Sachverhalt an einem Beispiel erläutern sollen. Diese Textauszüge wollen nicht Belege, sondern sollen Beispiele sein, an denen man die zuvor geäußerte Theorie verdeutlichen, vertiefen, aufschließen oder kritisch reflektieren kann.

---

4   Eine erste kurze Konzeption dieser Überlegungen ist zu finden in: Knöpfel, Eckehardt; Püttmann, Carsten (Hg.): Bildungstheorie und Schulwirklichkeit. Baltmannsweiler 2016. S. 9–28. (= FS Elmar Wortmann).
5   Zuletzt: Beyer, Klaus: Pragmatische Fachdidaktik Pädagogik: Zehn zusammenhängende Studien. Baltmannsweiler 2012. Vgl. auch: Beyer, Klaus: Handlungspropädeutischer Pädagogikunterricht. Eine Fachdidaktik auf allgemeindidaktischer Grundlage: Handlungspropädeutischer Pädagogikunterricht, ... und Methodik des Pädagogikunterrichts. Baltmannsweiler 1997. Oder: Knöpfel, Eckehardt: E. E. Geißlers integrativ-edukative Fachdidaktik des Pädagogikunterrichts. Baltmannsweiler 2013.
6   Vgl. Plöger, Winfried: Lehrpläne und der Bildungsauftrag der Schule. In: Handbuch der Erziehungswissenschaft. 6 Bände. Bd. II. Paderborn, München, Wien, Zürich 2008. S. 293–312.

Der Fließtext ist zudem mit recht zahlreichen Fußnoten ergänzt. Diese haben eine dreifache Funktion: Ich habe sie dort gesetzt, wo ich weiter und tiefer argumentieren müsste oder den Austausch mit anderen Autoren/Positionen gesucht habe. Es sind Hinweise darauf, dass ein Sachverhalt komplexer zu bedenken ist, als hier vorgeführt. Sodann und zweitens soll der Leser auf Grundlagenliteratur verwiesen werden, auf klassische Positionen, auf Klassiker, auf Einführungen. Schließlich und drittens sind in den Fußnoten Hinweise auf Beispiele gegeben, die es dem Referendar oder Fachlehrer ermöglichen, schnell auf unterrichtstaugliche Texte zugreifen zu können.

1. Die Begründung des pädagogischen Handelns

In einem ersten Schritt soll geprüft werden, ob pädagogisches Handeln als eine mit dem Menschsein selbst gegebene Aufgabe begründet werden kann oder lediglich als eine zeithafte und damit gegebenenfalls verzichtbare Beschäftigung zu verstehen ist. Diese Begründung soll
1) historisch-anthropologisch,
2) kommunikationstheoretisch und
3) transzendental-sprachkritisch
versucht werden – und so verschiedene Begründungsmöglichkeiten kritisch-konstruktiv aufnehmen.

Dabei könnte die *dreifache* Prüfung auch so verstanden werden, dass es weniger sinnvoll ist, Pädagogik als notwendige Handlungsform zu *begründen*, als vielmehr Kritiker der Pädagogik herauszufordern, Gründe dafür anzuführen, warum sie *nicht notwendig* sein sollte.[7]

1.1 Historisch-anthropologisch

Die historisch-anthropologische Begründung der *Pädagogik als unverzichtbare Handlungsdimension menschlichen Lebens* unternimmt es, dokumentierte Sachverhalte in beweisender Absicht vorzulegen, die als *Pädagogik* bezeichnet werden können. Etwa in den Berichten über sogenannte „Wolfskinder", also jene Fälle, an denen ersichtlich ist, dass Menschen ohne eine zur Versorgung und Fürsorge hinzugefügte Förderung emotionaler Beziehungen und kognitiver Fähigkeiten nicht überlebensfähig sind (was freilich die *Überlebensfähigkeit* schon ebenso normativ voraussetzt wie eine intersubjektiv bestimmbare Qualität dieses Überlebens).

Eine solche Begründung ist von Jean-Jacques Rousseau (1712–1778) aus lebensweltlicher Erfahrung abgeleitet worden: „So, wie es im Augenblick steht, würde ein nach seiner Geburt völlig sich selbst überlassener Mensch das verbildetste aller Wesen sein. Vorurteile, Autorität, Vorschriften, Beispiel – alle die Einrichtungen der Gesellschaft, in denen wir ertrinken, würden seine Natur ersticken und ihm kein Äquivalent dafür geben. Sie müßte, wie ein Bäumchen, das der Zufall mitten auf einem Weg hat wachsen lassen, alsbald zugrunde gehen, weil die Vorübergehenden es von allen Seiten stoßen und in alle Richtungen biegen würden. (…) Wir werden schwach geboren und bedürfen der Kräfte; wir werden hilflos geboren und bedürfen des Bei-

---

7   Vgl. die Geschichte der Kritik an der Pädagogik: Oelkers, Jürgen; Lehmann, Thomas: Antipädagogik – Herausforderung und Kritik. Weinheim 1990.

stands; wir werden dumm geboren und bedürfen des Verstandes. *All das, was uns bei der Geburt noch fehlt und dessen wir als Erwachsene bedürfen, wird uns durch die Erziehung zuteil.*"[8]

Zudem gibt es in der Geschichte einige gut dokumentierte Fälle von Kindern, die fernab menschlicher Erziehung aufgewachsen sind und die verallgemeinerte Erfahrung Rousseaus exemplarisch und empirisch bestätigen. Ein berühmtes Beispiel[9] ist der sogenannte „Wolfsjunge" aus Aveyron.[10] Der behandelnde Arzt Jean Itard (1774–1838) stellte die schon damals „abgedroschene Wahrheit" fest, dass „ein Mensch (…) ohne die Zivilisation eines der schwächsten und unverständigsten Tiere"[11] wäre. Und der Herausgeber der Schrift kommentiert in diesem Sinne: „Statt eines Naturzustandes, in dem der (echte Mensch) zu erkennen wäre, sehen wir nur eine Mißbildung."[12] Daraus ist zu folgern, dass der Mensch sich nur selbst verstehen und bestimmen kann, wenn er erzogen wurde: „Der Mensch kann nur Mensch werden durch Erziehung. Er ist nichts, als was die Erziehung aus ihm macht. Es ist zu bemerken, daß der Mensch nur durch Menschen erzogen wird, durch Menschen, die ebenfalls erzogen sind."[13] Die Aufgabe des Pädagogischen umfasst nicht nur sachliche und sittliche Unterweisung, sondern weitere Tätigkeiten: „Unter der Erziehung nämlich verstehen wir die Wartung (Verpfle-

---

8 Rousseau, Jean-Jacques: Emile oder über die Erziehung. Hg. v. Martin Rang. Stuttgart 1963 u. ö. S. 107f.

9 Vgl. die Dokumentation: Malson, Lucien; Itard, Jean; Mannoni, Octave: Die wilden Kinder. Aus d. Franz. von Eva Moldenhauer. Frankfurt/M. 1972.

10 Werner, Birgitt: Die Erziehung des Wilden von Aveyron. Ein Experiment auf der Schwelle zur Moderne. Frankfurt/M. 2004. Verfilmung: L'Enfant sauvage (Deutscher Titel: Der Wolfsjunge / Das wilde Kind (DDR)). Frankreich 1970. (81 Minuten). Drehbuch: François Truffaut/Jean Gruault. Regie: François Truffaut. Pädagogische Interpretation: Friedrich Koch: Victor von Aveyron, Kaspar Hauser und Nell. Eine Filmbetrachtung. In: Pädagogik Nr. 6 (1995), S. 54ff.

11 Itard, Jean: Gutachten über die ersten Entwicklungen des Victor von Aveyron (1801). In: Malson, Lucien; Itard, Jean; Mannoni, Octave: Die wilden Kinder. Aus d. Franz. von Eva Moldenhauer. Frankfurt/M. 1972. S. 105–163. Hier S. 114.

12 Malson, Lucien: Die wilden Kinder und das Problem der menschlichen Natur. In: Malson, Lucien; Itard, Jean; Mannoni, Octave: Die wilden Kinder. Aus d. Franz. von Eva Moldenhauer. Frankfurt/M. 1972. S. 9–104. Hier S. 10.

13 Kant, Immanuel: Über Pädagogik [postum, 1803]. In: Immanuel Kant. Werke in zehn Bänden, hg. v. W. Weischedel. Bd. X. Darmstadt 1983. S. 693–712. Hier S. 699. Auch in: Mikhail, Thomas: Kant als Pädagoge. Einführung mit zentralen Texten. Paderborn 2017. S. 119ff.

gung, Unterhaltung), Disziplin (Zucht) und Unterweisung nebst der Bildung. Demzufolge ist der Mensch Säugling, – Zögling, -- und Lehrling.“[14]

> Jean Itard: Gutachten über die ersten Entwicklungen des Victor von Aveyron (1801)
>
> „Der Mensch, ohne Körperkräfte und ohne eingeborene Ideen auf diesen Erdball geworfen und außerstande, aus eigener Kraft den in ihm angelegten Gesetzen seiner Organisation zu gehorchen [...] kann nur im Schoße der Gesellschaft den hervorragenden Platz finden, der ihm von der Natur zugedacht ist, und er wäre ohne die Zivilisation eines der schwächsten und unverständigsten Tiere.“[15]

Ethnographische[16] und *historische*[17] Studien zeigen, dass es in allen dokumentierten Gesellschaften eine spezifische Art des Handelns gab, die nicht nur den Vollzug von Handlungen intendierte, sondern vielmehr *die Aufforderung zum selbsttätigen Ausüben von als gültig erachteten Vollzügen* zum Thema hatte und damit mit *allen* Handlungsvollzügen in einem besonderen, nämlich auffordernden Verhältnis steht. Diese spezifische Art des Handelns geschieht, um jemand anderen zum eigenständigen Handeln aufzufordern und zu befähigen. Wir können auch sagen: In allen menschlichen Gesellschaften wird gelehrt, um zielbezogenes Lernen auszulösen.

Dabei lassen sich aus Bild- und Schriftdokumenten drei Formen dieses pädagogischen Handelns unterscheiden:

Modell 1: Machen und Mitmachen

So gibt es Epochen oder Situationen, in denen der Lehr-Lernvorgang als ein „Machen und Mitmachen“ beschrieben werden kann. In diesen Situationen („Mach mit!“) gibt es keine explizite Lernsituation, son-

---

14 Kant, Immanuel: Über Pädagogik. S. 697. [Kant bezeichnet also als „Erziehung“, was im Kontext dieses Buches „Pädagogik“ heißt.]

15 Itard, Jean: Gutachten über die ersten Entwicklungen des Victor von Aveyron. Hier S. 114.

16 Vgl. z. B. Mead, Margaret: Sex and Temperament in Three Primitive Societies. London 1935. (dt. Übersetzung: Jugend und Sexualität in primitiven Gesellschaften. Teil 1: Kindheit und Jugend in Samoa. Teil 2: Kindheit und Jugend in Neuguinea. Teil 3: Geschlecht und Temperament in drei primitiven Gesellschaften. Eschborn 2002.)

17 Christes, Johannes; Klein, Richard; Lüth, Christoph (Hg.): Handbuch der Bildung und Erziehung in der Antike. Darmstadt 2006.

dern die nachfolgende Generation (oder der Lernende) ist bei den lebensweltlichen oder alltagsüblichen Handlungsvollzügen anwesend und nimmt immer mehr an den intendierten Handlungen der anderen teil. Die pädagogische Aufforderung liegt in der Einladung zum Mitmachen. Man kann dies idealtypisch im Bereich der Sprache beschreiben: Die Eltern sprechen, und die Kinder sprechen zusehends mit. Lehrende und (lebensweltlich) *Handelnde* sind identisch; die Lehrenden beziehen ihre Autorität aus dem Umstand, dass sie die Sache in ihrer Üblichkeit beherrschen. *Die Inhalte der pädagogischen Intervention sind identisch mit den verantwortlich bewerteten Lebensvollzügen.* Pädagogische Handlungen werden gelernt, indem man an ihnen teilnimmt: Ältere Geschwister helfen den Eltern bei der Versorgung jüngerer Geschwister. Die Lernmedien sind die Gegenstände des Gebrauchs. Die Qualität des Gelernten ist als Produkt von anerkannter Arbeit in der Lebenswelt unmittelbar einsehbar: „Die Erziehung ist für sie vor allem eine allmähliche Einführung in das herkömmliche Leben. [...] Wie es wächst, führt es sich still und zurückhaltend in den Kreis der Großen ein, man läßt es zu. Es hört die Alten sprechen vom Regen und schönen Wetter, auf solche Art in einen ganzen Bereich der Weisheit eingeführt. Allmählich gesellt es sich zur Arbeit auf den Feldern, begleitet den Schäfer oder den Landarbeiter, versucht sich in ihrer Rolle und empfindet es als eine Ehre, dessen würdig erachtet zu werden.“[18]

Modell 2: Vormachen und Nachmachen

Sobald aus den allgemein üblichen Handlungsvollzügen solche Handlungsvollzüge bestimmbar sind, die *eigens* gelernt werden sollen, entsteht eine grundsätzlich neue Situation, nämlich diejenige, die den Lernprozess als „Vormachen und Nachmachen" *konstruiert*. Man kann auch dies idealtypisch im Bereich der Sprache sehen: Die Eltern sagen zum Kind: „Sag nicht *Bume*, sondern *Blume*." Nicht *alle* Handlungsvollzüge, sondern nur *eigens* bestimmte (exemplarische) und nicht die *gesamten* Handlungsvollzüge, sondern nur die zu optimierende (= gelten sollende) Qualität *an ihnen* bestimmen das, was vorgemacht wird. Der alltägliche Handlungsvollzug *verdoppelt* sich in den *funktionalen* Vollzug einerseits und die *Demonstration* des funktionalen Vollzugs andererseits: „Schau mal, *so* macht man das, ...!" Immer noch findet aber alles Lernen *mit* und *in* lebensweltlichen Handlungsvollzügen und *an den*

---

18 Marrou, Henri-Irénée: Geschichte der Erziehung im klassischen Altertum. Hg. von Richard Harder. Freiburg, München 1957. S. 339–340. (Kap.: „Die altrömische Erziehung").

entsprechenden Orten des Alltags statt. Lehrende und Handelnde sind identisch; die Lehrenden beziehen ihre Autorität aus dem Umstand, dass sie die Sache *vorbildlich* beherrschen, d.h. Tun und *gelingendes* Tun unterscheiden, und diese ihre Unterscheidungsfähigkeit kontextuell demonstrieren können. *Die Inhalte der pädagogischen Intervention werden unmittelbar aus den Lebensvollzügen abgeleitet.* Die Eltern machen den älteren Geschwistern vor, wie man mit kleineren Kindern umgeht: „Schau, *so* wickelt man ein Kind!" Die Lernmedien sind die Gegenstände des Gebrauchs, werden aber aus dem Gebrauch zu Demonstrationszwecken herausgehoben. Sie verdoppeln sich gedanklich, da sie zugleich einzelner Gebrauchsgegenstand wie Medium (Lehrmittel) zur Illustration eines Allgemeinen am einzelnen Gegenstand sind: „Schau mal, *so* benutzt man (immer) eine Schere …!" Die Qualität der Arbeit ist sowohl unmittelbar wie probehalber einsehbar („Zeig mal, ob du es kannst…"), wobei auch die Lerndemonstration unter lebensweltlichen oder alltäglichen Handlungsbedingungen erfolgt: „Sobald das Kind zum Bewußtsein erwacht, bemüht es sich schon in seinen Spielen, die Bewegungen, das Betragen, die Arbeiten der Älteren nachzuahmen."[19]

Modell 3: Unterricht und Vorratslernen

Wenn das Nachmachen kein einfaches Nachahmen oder Kopieren ist (wie im Modell 2), sondern durchaus eine Variation sein oder sogar eine eigene Qualität haben kann oder soll, reichen beide Modelle ((1) Machen/Mitmachen; (2) Vormachen/Nachmachen) als Lehr-Lernverfahren nicht mehr aus: Man kann dies idealtypisch im Bereich der Sprache beim Erlernen einer Fremdsprache sehen. Ein in der unmittelbaren Umwelt nicht praktizierter Sprachgebrauch kann gelernt werden, indem man den künftigen Gebrauch erklärt. Modell 3 ist immer in Anwendung beim Transfer von Lösungsmodellen auf andere Zusammenhänge, etwa beim Transfer der Gewohnheit des Brotbackens auf das Backen von Kuchen; beim Transfer des Auswendiglernens eines Textes auf das Erfinden eines eigenen Textes. Die technischen oder praktischen Lebensverhältnisse bedürfen nun einer expliziten Lehre, die auch die Organisation der Lehr-Lernakte betrifft: Ist in Modell 1 der pädagogischen Intervention die persönliche Anwesenheit von Handelndem/ Lehrendem und von Lernendem unverzichtbar, so ist sie im Modell 2 schon so gelockert, dass bei der Nachahmung des Vorgemachten der Lehrende nicht mehr die ganze Zeit, sondern nur am Anfang zur Aufgabenstellung und am Ende zu Kontrolle anwesend sein muss. Bei der

---

19 Marrou: Geschichte der Erziehung. S. 340.

expliziten „Ermöglichung von selbsttätigem Lernen" kann der personale Bezug weiter gelockert und schließlich medial vertreten werden (Buch, Gebrauchsanweisung, Fernstudium). Der Lerner vollzieht Handlungen des Lehrenden nicht mehr mit, er kopiert Handlungen auch nicht mehr; vielmehr *konstruiert* er diese nach (indirekter) Anleitung aus eigenem Vermögen: „Schlag das Buch auf und lies leise!" Nunmehr können auch andere Personen als die Gruppe der Berufskundigen die Lehre übernehmen; sie müssen sogar den zu lernenden Vorgang nicht mehr selbst perfekt beherrschen, sondern nur noch wissen, was man können muss, um den Vorgang zu beherrschen (z. B. das Sprinter-Training durch ehemalige Sprinter); sie bereiten den Lernvorgang vor; der Lernende kann also besser werden als der Lehrer. Es kann eine räumliche Trennung stattfinden, weil das Lernen von den alltäglichen Handlungsvollzügen getrennt werden kann. *Die Inhalte der pädagogischen Intervention können nicht unmittelbar aus den Lebensvollzügen abgeleitet werden, sondern richten sich an (a) der regulativen Idee des Praxisfeldes, (b) den Interessen der Adressaten und (c) den sozialen Verhältnissen aus, und zwar so, dass keine dieser Anforderungen die anderen beiden reguliert.* Zudem kann es nun Medien geben, die ausschließlich zum Lernen angefertigt wurden. Damit kommt der Begriff der *Methode* in die pädagogische Reflexion – und zwar gleich doppelt: Einmal meint Methode die Gestaltung des Aktes der Aufforderung (Lehrmethode); zum anderen meint Methode den Akt des Aufgeforderten, den zu lernenden Gegenstand geistig oder tätig nach Regeln zu konstituieren (Lernmethode).

Das Gemeinsame aller drei Modelle ist, dass die ältere Generation nicht nur handelt, sondern *zusätzlich* die Aufforderung gegenüber der nachfolgenden Generation impliziert oder äußert, die vorhandenen Handlungsmöglichkeiten künftig unter Geltungsanspruch auszuführen. Ethnographische und historische Studien zeigen, dass keine menschliche Gesellschaft ohne diese Aufforderung zum Lernen nach mindestens einem der drei Modelle auskommt. Somit kann vermutet werden, dass die *Aufforderung zu Handlungen unter Geltungsanspruch* anthropologisch üblich und vielleicht sogar notwendig ist. Diese *Aufforderung zu gültiger bzw. prüfender Selbsttätigkeit* wird gemeinhin als „pädagogisch", die Reflexion dieser Aufforderung als „Pädagogik" („Führungslehre")[20] bezeichnet.

---

20 Vgl. Art.: Pädagogik. In: Wörterbuch der Pädagogik. Hg. v. Winfried Böhm. 16. Aufl. Stuttgart 2005. S. 478–480.

Freilich ist mit dem historischen Nachweis nicht gerechtfertigt, dass es diese Praxis auch (weiterhin) geben *soll* – denn historisch lassen sich auch Handlungen nachweisen, die nicht gerechtfertigt sind: Sklavenwirtschaft, Folter, Unterdrückung usw. Es wäre also zu fragen, ob man nicht nur das empirische *Vorhandensein* einer Handlungsform nachweisen muss, die sich selbst „Pädagogik" nennt oder so genannt wird, sondern auch ihre berechtigte Geltung.

1.2 Kommunikationstheoretisch

Als notwendig *soziales* Wesen („zoon politikon", Aristoteles; die Geburt stellt einen sozialen Akt dar; die dann notwendige Pflege ebenfalls) ist der Mensch auf Formen der Kommunikation angewiesen, um (1) seine Interessen anderen gegenüber auszudrücken, (2) einen Gegenstand zu benennen und (3) den Umgang mit ihm als gerechtfertigt (im Vorzug vor anderen) zu begründen. Will man menschliche Handlungstotalität („Gesamtpraxis") beschreiben, so scheint es daher sinnvoll, auf jene Modelle der *Soziologie* zurückzugreifen, die die unverzichtbaren Kommunikationsformen des Menschen unter eben diesem Anspruch von systematischer Vollständigkeit („Totalität") zu erfassen suchen, um so herauszufinden, ob die Pädagogik Aspekt oder Teil dieser Totalität ist und welcher Status ihr zukommt. So sieht z. B. Jürgen Habermas (*1929) für die nachmetaphysische Moderne in der Kommunikation die Einheit (Totalität) menschlichen Handelns und differenziert diese Gesamtpraxis in drei bzw. später fünf *notwendige* Kommunikationsformen aus. Er unterscheidet (1) Ausdruck, (2) Erkenntnis, (3) Bewertung sowie (4) Hilfe und (5) wechselseitige Mitteilung.[21] Hiermit versucht er jene Rationalitätsformen zu benennen, die je eigenen regulativen Ideen („Prinzipien") folgen, nicht wechselseitig zu ersetzen oder ineinander zu überführen und nicht zu hierarchisieren sind. Habermas nennt sie
- ästhetisch-praktische Rationalität,
- kognitiv-instrumentelle Rationalität,
- moralisch-praktische Rationalität,
- (therapeutische Rationalität),
- (kommunikative Rationalität).

---

21 Habermas, Jürgen: Theorie des kommunikativen Handelns. Frankfurt/M. 1981. Bd. I. S. 45f. [Zuweilen werden von Habermas nur die Formen 1, 2, 3 und 5 genannt.]

Zu übersetzen wären diese Begriffe mit: Kunst-Lebenswelt; Wissenschaft-Technik; Ethik-Politik; Medizin; alle kommunikativen Diskurse. Diese Rationalitätsformen beziehen sich auf Freiheit, Arbeit, Sprache als ihre Entstehungs- oder Bewährungsbedingungen.[22]

Dabei unterliegt jede Rationalitätsform einem spezifischen Geltungsanspruch, der nicht durch Geltungsansprüche in einer anderen Rationalitätsform erfüllt werden kann: Aus Aussagen unter Wahrheitsanspruch („Am Straßenrand stehen drei Tramper im Regen!") lässt sich z. B. nicht ableiten, was sittlich ist („Sollen wir sie im Auto mitnehmen?"). Andererseits ist der Anspruch in einer Rationalitätsform insofern verbindlich, als die Aufkündigung dieses Geltungs*anspruchs* das Paradigma selbst auflösen würde („Was wahr ist, kann nicht zugleich falsch sein."). Zudem setzen die Ansprüche in einer Rationalitätsform voraus, dass das jeweils andere Paradigma gültige Ergebnisse formulieren *kann*: Wahrheit etwa muss vorausgesetzt werden, damit ethisch gehandelt werden kann. („Weil wir *wissen*, dass Insulin das Leben von Diabetes-Patienten verlängert, können wir aus ethischen Gründen das Medikament einsetzen.") Alle Handlungen in einem Bereich stehen unter einem *Geltungsanspruch*, über dessen Begründung die Diskurse selbst entscheiden. Die Rationalitätsformen sind wechselseitig aufeinander angewiesen und sollen es ermöglichen, menschliches Leben in seiner spezifischen *Totalität* zu beschreiben.

Die sich sogleich stellende Frage ist, zu welcher der fünf Rationalitäten jene Theorie gehört, die die Existenz von fünf Rationalitäten und ihren Zusammenhang feststellt: Gehörte diese Theorie *zu einer* der fünf Teilrationalitäten, könnte sie – der Bestimmung dieser Teilrationalitäten gemäß – nicht über die vier anderen Teilrationalitäten, ihre Bedeutung und ihr Verhältnis zueinander verfügen (was sie aber beansprucht). Verfügte sie (als sechste, bisher gar nicht genannte Rationalität) *über alle anderen Teilgebiete*, stünden die anderen Theorien nicht in einem nicht-hierarchischen Verhältnis zueinander, sondern wären der (bisher nichtgenannten) sechsten Rationalität (dogmatisch) untergeordnet. Die Soziologie würde zur (einzigen) Leitwissenschaft, die den anderen Diskursformen nicht nur deskriptiv sondern *normativ* eine Stellung in der Ordnung der Welt zuweist.

Es fällt weiter auf, dass unter den Habermasschen Rationalitätsformen ein Bereich nicht benannt ist, der sich anthropologisch als unverzichtbar herausgestellt hatte: Der Vorgang der Lernbarkeit der Rationalitäten. Dies überrascht, da doch zu zeigen ist, dass weder Erkenntnisse unter der regulativen Idee der Wahrheit noch Urteile unter der regulativen Form der Sitt-

---

22 Habermas, Jürgen: Arbeit und Interaktion (1968). In: Ders.: Technik und Wissenschaft als „Ideologie". Frankfurt/M. 1989. S. 9–47.

lichkeit erklären, wie man sie nicht nur findet (Forschung), sondern auch so darstellt, dass ein anderer sie auch finden kann (Lehren-Lernen). Ganz offensichtlich stellt sich der *Soziologe* Habermas den Prozess des Erwachsenwerdens (oder der Menschwerdung des Menschen) als einen *in die Abläufe der Gesellschaft völlig integrierten* Vorgang vor (siehe oben: Modelle 1 und 2), als Sozialisation oder Enkulturation: „Fürs erste genügt die Vorstellung, daß das Ich seine Identität ausbildet, indem sich die innere Natur *auf dem Wege über eine Integration* in die stufenweise entwickelten Strukturen des kognitiven, sprachlichen und interaktiven Austauschs mit der Umwelt reflektieren lernt."[23] Was aber heißt „Integration"?

Könnte der Begriff der „Kommunikation" zur Beschreibung dessen herangezogen werden, was die Anthropologie und Geschichtsforschung als „Pädagogik" bezeichnet und Habermas als „Integration" bezeichnet? Diese Frage ist zu verneinen, da Lehre Kommunikation sein mag, aber nicht alle Kommunikation Lehre ist (wie sie postuliert).

In einer Nebenbemerkung zu dem Moralpsychologen L. Kohlberg (1927–1987) äußert Habermas die Auffassung, dass im „*Übergang* vom normengeleiteten Handeln zum normenprüfenden Diskurs bereits *eingebaut*" sei, was man „als konstruktiven Lernprozess (...) in Anschlag"[24] bringen könne. Der intendierte, inszenierte und individuelle Lernprozess wird offensichtlich als *identisch* mit dem leitenden kollektiven „Diskurs" gedacht und als individuelles „*Echo*" dessen verstanden, was sich „in der Traditionswelt auch historisch einmal" ereignet hätte. Individuelles Lernen wäre demnach identisch mit historischer Erfahrung, der einzelne Bildungsprozess *spiegelte* den faktischen Geschichtsablauf, der damit als immer gutartig und gelungen vorausgesetzt wird. Von daher folgt pädagogisches Handeln bei Habermas keinem eigenen Rationalitätsdiskurs, sondern wird als den Rationalitätsformen bereites „eingebaut" und identisch mit dem faktischen Geschichtsablauf gedacht. *Sowohl Wissenschaft und Bildung werden als identisch gedacht wie Sozialisation und Bildung.* Es fragt sich aber, ob individuelles Lernen historische Erfahrungen *abbildet*: So lernen Pädagogikstudenten in ihrer Ausbil-

---

23 Habermas, Jürgen: Notizen zur Entwicklung der Interaktionskompetenz (1974). In: Ders.: Vorstudien und Ergänzungen zur Theorie des kommunikativen Handelns. Frankfurt/M. 1984. S. 187–225. Hier S. 192f. [Hervorheb. v. mir, V. L.] Vgl. dazu die offensichtlich frühere Manuskriptfassung in: Gripp, Helga: Jürgen Habermas. Paderborn, München, Wien, Zürich 1984. S. 58, die z.B. nicht von (biologistisch) „ausbilden" sondern von „bilden" spricht.
24 Habermas, Jürgen: Moralbewußtsein und kommunikatives Handeln. Frankfurt/M. 1983. S. 137. [Hervorheb. v. mir, V. L.]

dung heute Theorien über die Auswirkung von häuslicher Gewalt kennen,[25] ohne selbst die historische Erfahrung machen zu müssen, dass Gewalt gegen Kinder ihre körperlich-seelische Gesundheit gefährden oder zerstören kann. Es fragt sich auch, ob individuelles Lernen historischen Erfahrungen *folgt*: Pädagogikstudenten *lernen*, dass Hitlers Pädagogen durch das Konzept der Formationserziehung zu angepasstem Verhalten disziplinieren wollten; sie müssen aber diese *Erfahrung nicht selbst machen* und heute – dem Geschichtsablauf folgend – als sein „Echo" *selbst* dieser Ideologie folgen. Das Lernen erweitert und ergänzt nicht nur die Erfahrung, sondern ersetzt in beiden Beispielen die historische oder soziale *Erfahrung*. Lernen vermeidet sogar (schlechte) Erfahrungen, es geschieht um der Vermeidung negativer Erfahrungen willen.

Um das Problem der Unterscheidung von *Erkenntnis* und *Aufforderung zum Prüfen von Erkenntnis* anzugehen, differenziert Jürgen Habermas an anderer Stelle unterschiedliche *Teilintentionen* von sprachlicher Kommunikation, nämlich die Intentionen der „Umgangssprache", der „Bildungssprache" und die der „Wissenschaftssprache". Die Bildungssprache definiert Habermas als jene Sprachart, die weder vom *undefinierbaren* Alltag noch vom Bemühen um „tatsachenfeststellende" Forschung bestimmt sei, sondern „überwiegend in den Massenmedien, in Fernsehen, Rundfunk, Tages- und Wochenzeitung benutzt wird". Sie stehe jenen offen, die sich „mit den Mitteln der allgemeinen Schulbildung ein Orientierungswissen verschaffen können"[26]. Somit repräsentieren die Bildungssprache und ihre kommunikativen Eigenheiten den pädagogischen Prozess nicht, sondern setzen ihn als nicht näher erläuterte „Schulbildung" voraus. Von Interesse wäre aber jene Sprache, die in dieser von Habermas vorausgesetzten, nicht aber thematisierten „Schulbildung" genutzt wird. Auch hier zeigt sich, dass Habermas von entwickelten, nicht aber von je individuell erst noch anzueignenden Rationalitätsformen ausgeht: „In den entsprechenden kulturellen Handlungssystemen werden wissenschaftliche Diskurse, moral- und rechtstheoretische Untersuchungen, werden Kunstproduktion und Kunstkritik als Angelegenheit von Fachleuten institutionalisiert"; es sind „professionalisierte *Bearbeitung*(en) der kulturellen Überlieferung unter jeweils einem abstrakten *Geltungsaspekt*"[27]. *Bildung*

---

25 Rudolph, Sabrina: Kinder stärken gegen häusliche Gewalt. Ansätze für Interventionen und Aufklärung in der Schule. Marburg 2007.

26 Habermas, Jürgen: Umgangssprache, Bildungssprache, Wissenschaftssprache (1977). In: Ders.: Die Moderne – ein unvollendetes Projekt. Philosophisch-politische Aufsätze 1977–1990. Leipzig 1990. S. 9–31. Hier S. 13–14.

27 Habermas, Jürgen: Die Moderne – ein unvollendetes Projekt. In: Ders.: Die Moderne – ein unvollendetes Projekt. Philosophisch-politische Aufsätze 1977–1990. Leipzig 1990. S. 32–54. Hier S. 41. [Hervorheb. von mir, V. L.]

ist hier als identisch mit Enkulturation gedacht. Aber wie soll die Aneignung, d.h. die *Verbindung* von Freiheit voraussetzender *Bearbeitung* („Bildsamkeit") mit *Geltung* vonstattengehen? Wie erwirbt man Professionalisierung? Indem man das nachahmt, was andere vormachen und zum „Echo" der anderen wird? Die *Bearbeitung* kann ja nicht schon das als bekannt und anerkannt voraussetzen, was erst noch erarbeitet, d.h. in der *Geltung* geprüft werden soll.

Insofern lässt sich mit dem Habermasschen Modell auf die *Notwendigkeit* einer Rationalitätsform hinweisen, die mit den Diskursen um Wissen, Handeln, Gestalten, Heilen und Kommunizieren noch nicht erfasst ist, sondern diesen notwendig vorausgeht. Es ist der Diskurs, der danach fragt, wie *Erwerb* und *Prüfung* von Bearbeitungsfähigkeit und Geltung *anzuleiten* sind. Es ist der Diskurs darüber, wie man Wissen, Handeln, Gestalten, Heilen und Kommunizieren *lernt*: der pädagogische Diskurs.

Daher muss gefolgert werden, dass sich die von Habermas genannten Rationalitätsformen weder naturhaft („ausbilden") oder sozialisierend („auf dem Weg der Integration") ergeben sollen, weder kommunikativ als „Echo" sozialer Prozesse mitteilen[28], noch in diesen Prozessen schon „eingebaut" sind; sie wären nämlich sonst entweder zufällig oder schon entwickelt. Insofern lässt sich aus dem Habermasschen Modell die Notwendigkeit pädagogischer Reflexion und pädagogischen Handelns ableiten – und zwar deshalb, weil diese spezielle Aufgabe von keiner der von ihm genannten Rationalitätsformen mit erledigt werden kann, *sondern diesen logisch vorausgeht*: Um zu diskutieren, muss man vorher lernen, wie man diskutiert. Es fehlt der Diskurs, der danach fragt, wie der *Erwerb* von Bearbeitungsfähigkeit und Geltungsbegründung *anzuleiten* sei. Bei Habermas ist er nicht explizit. Man kann ihn den pädagogischen Diskurs nennen.

---

28 Vgl. Klaus Schallers Revision der früheren „Kommunikativen Didaktik" (In: Schäfer, Karl-Hermann; Schaller, Klaus: Kritische Erziehungswissenschaft und kommunikative Didaktik. Heidelberg 1971, erw. u. verb. 1972). In: Schaller, Klaus: Zur Pädagogik der Kommunikation. Annäherungen – Erprobungen. Sankt Augustin 1987.), die dieses Problem aufnimmt. Vgl. zu Schaller und zur kommunikativen Didaktik: Ladenthin, Volker: Bildung und Sprache. In: Pädagogische Rundschau 70 (2016) H. 6. S. 621–641.

Jürgen Habermas: Notizen zur Entwicklung der Interaktionskompetenz (1974):

„Die kognitive Kompetenz bildet sich im manipulativen Umgang mit Objekten der äußeren Natur, interaktive und sprachliche Kompetenzen bilden sich im Umgang mit kommunikativen vergesellschafteten Subjekten und deren Äußerungen. Der Erwerb dieser Kompetenzen bedeutet nun, daß sich komplementäre Verhältnisse der Subjektivität des Ichs zur Objektivität der äußeren Natur, zur Normativität der Gesellschaft und zur Intersubjektivität des sprachlichen Mediums herstellen."[29]

1. Wer bildet hier wen?
2. Welche Vorstellung vom Subjekt zeigt sich hier? Welche Rolle hat der Lehrer?
3. Welche Gegenstände werden warum gelernt?
4. Wie wird gewährleistetet, dass das „(Verhältnis) der Subjektivität des Ichs (...) zur Normativität der Gesellschaft" ein *gelten sollendes* Verhältnis ist?

Die Überlegungen zu Habermas lassen sich auf all jene soziologischen Modelle übertragen, die den Anspruch erheben, „*Gesellschaft* als Gesamtpraxis" zu beschreiben und dabei aber auf den Bildungsdiskurs verzichten.[30]

1.3 Hinweise aus der transzendentalen Sprachkritik

Im Rückgriff der von Jürgen Habermas ausgewiesenen Rationalitätsformen auf die Eigenheit von *Sprache* – als letzt*möglicher* Begründung[31] – liegt nun allerdings insofern eine Möglichkeit der Begründung von Pädagogik, als dieses Modell die Sprachgebundenheit des Menschen als Grundlage an-

---

29 Jürgen Habermas: Notizen zur Entwicklung der Interaktionskompetenz. S. 194.
30 Vgl. dazu im Unterschied Adorno, der den Anspruch der Soziologie auf Erfassung des Ganzen ausdrücklich für die Soziologie reklamiert – aber dann eben auch den pädagogischen Diskurs ausdrücklich einbezieht (Adorno, Theodor W.: Erziehung zur Mündigkeit. Frankfurt/M. 1971).
31 „Da (...) zudem Sprache das spezifische Medium der Verständigung ist": Habermas, Jürgen: Was heißt Universalpragmatik. (1976). In: Ders.: Vorstudien und Ergänzungen zur Theorie des kommunikativen Handelns. Frankfurt/M. 1984. S. 353–440. Hier S. 353 [... eine Theorie, die voraussetzt, dass Verständigung sein soll.].

sieht. Eine solche Reflexion nimmt die seit der Antike[32] geführte Diskussion darüber auf, ob sich dem Menschen außerhalb von Sprache überhaupt Natur und Kultur erschließen könnten und – wenn ja – Sprache mithin nicht nur beliebiges (konventionelles) Zeichen für „eigentlich" sprachlos Bezeichnetes wäre. (Diese Fragestellung wird als „Sprachkritik" bezeichnet, weil sie die kritische Frage nach der Bedingung der Möglichkeit von Erkenntnis durch den Hinweis auf die Unhintergehbarkeit der Sprache als zu beantworten ansieht.[33]) Ohne die Diskussion hier nachzeichnen zu können, kann als ein Ertrag dieser Diskussion die These festgehalten werden, dass Reflexion und Handeln unter den Aspekten der Geltung und Intersubjektivität immer und unhintergehbar der Sprache bedürfen. Ohne Sprache ist weder über Natur noch Kultur zu reflektieren, so dass zumindest keine bewusst gestaltete menschliche Erkenntnis, Technik oder Praxis sich dem Menschen – als einem auf den Logos verwiesenen Wesen[34] – ohne Sprache erschließt: „Bleibt es allso ja noch eine Hauptfrage: wie das Vermögen zu denken möglich sey? (...) so braucht es keiner Deduction, die genealogische Priorität der Sprache vor den (...) Functionen logischer Sätze u Schlüße, (...) zu beweisen. (...) das ganze Vermögen zu denken *beruht* auf der Sprache, (...)."[35] Sobald sich der Mensch als Sozialwesen artikuliert, ist er auf ein Verständigungsmittel angewiesen, das damit der sozialen Konstruktion von Wirklichkeit *vorausgeht*. Rousseau fragt daher rhetorisch: „Was ist das Notwendigere gewesen – eine zuvor gebildete Gesellschaft für die Einführung der Sprachen, oder zuvor erfundene Sprachen für die Einrichtung der Gesellschaft?"[36]

---

32 Vgl. Derbolav, Josef: Der Dialog ‚Kratylos' im Rahmen der platonischen Sprach- und Erkenntnisphilosophie. Saarbrücken 1953.

33 Ladenthin, Volker: Sprachkritische Pädagogik. Beispiele in systematischer Absicht, Band 1: Rousseau – mit Ausblick auf Thomasius, Sailer und Humboldt. Weinheim 1996. Vgl. auch Poenitsch, Andreas: Bildung und Sprache zwischen Moderne und Postmoderne. Humboldt, Nietzsche, Ballauff, Lyotard. Essen 1992.

34 „Die Vernunft also ist unser natürlicher Zweck und vernünftig sein das Letzte, um dessentwillen wir da sind. Wenn wir also geboren sind, dann sind wir es offenbar, um vernünftig zu werden und zu lernen." Zitiert nach: Aristoteles: Hauptwerke. Ausgewählt, übers. u. eingel. v. Wilhelm Nestle. Stuttgart 1977. S. 17ff.

35 Hamann, Johann Georg: Metakritik über den Purismus der Vernunft (1784). Zit. nach: Ders.: Schriften zur Sprache. Einleitung und Anmerkungen von Josef Simon. Frankfurt/M. 1967. S. 219–227. Hier S. 224. [Hervorheb. v. mir, V. L.]

36 Rousseau, Jean-Jacques: Diskurs über die Ungleichheit/ Discours sur l'inégalité (1755). Kritische Ausgabe des integralen Textes. Mit sämtlichen Fragmenten und ergänzenden Materialien nach den Originalausgaben und den Handschrif-

Auch wenn man den erkenntnistheoretischen Überlegungen Hamanns (1730–1788) oder Humboldts (1767–1835) nicht völlig folgen mag:[37] Für den Bereich der Artikulation von Wissen und Anweisungen ist der Mensch auf Sprache (einschließlich Gestik[38] und Mimik[39]) angewiesen: „Alle Verständigung unter Menschen, und also auch aller Unterricht, beruht auf solcher Gedankenbezeichnung und ist daher nur möglich, wenn man an eindeutiger Zuordnung des Gedankens zum Wort festhält; andernfalls bliebe es unbestimmt, welcher Gedanke durch ein Wort bezeichnet werden soll, wobei dann in Wahrheit gar nichts durch das Wort bezeichnet und alle Möglichkeit der Verständigung ausgeschaltet wäre. Wahrhaftigkeit fordert daher Bestimmtheit im Gebrauch der Sprache (…). Wer gegen diese Bedingung verstößt (…), der wird den anderen oder auch sich selber gegenüber zum Betrüger.“[40]

Sprechen steht dabei – wie das letzte Wort des Zitats andeutet – immer unter einem Geltungsanspruch. Jedes Sprechen impliziert, dass es gelingen soll – denn auch eine Gesprächsverweigerung hat den Anspruch, als Verweigerung gelingen zu wollen.[41]

So führt die *Idee* der Sprache[42] zur Frage danach, wie das offensichtlich angeborene und nicht hintergehbare Sprachvermögen („Bildsamkeit") willentlich in gelten sollendes Sprechen transformiert wird. Die ältere Generation entscheidet einerseits zwar durch ihre Lebenspraxis darüber, welche Sprache die nachfolgende Generation lernt (Modell 1: Machen-Mitmachen, oben S. 13f.)– aber sie *kann* andererseits entscheiden, ob zu der eingeübten Sprache weitere Sprachen kommen sollen, weil sie notwendig, nützlich oder sinnvoll wären. Dieses „Können" stellt die Frage nach dem „Sollen", also da-

---

ten neu editiert, übersetzt und kommentiert von Heinrich Meier. München, Wien, Zürich 1984. S. 121.

37 Vgl. neuerdings Mikhail, Thomas: Zur Legitimation von Maßgaben pädagogischen Handelns. Unterwegs zu einer transzendental-pragmatischen Pädagogik. In: Krause, Sabine; Breinbauer, Ines Maria (Hg.): Im Raum der Gründe. Einsätze theoretischer Erziehungswissenschaft IV. Würzburg 2015. S. 99–117.

38 Müller, Cornelia: Redebegleitende Gesten. Kulturgeschichte, Theorie, Sprachvergleich. Berlin 1998.

39 Löffler, Petra: Affektbilder. Eine Mediengeschichte der Mimik. Bielefeld 2004.

40 Nelson, Leonard: System der philosophischen Ethik und Pädagogik. Göttingen 1932. S. 488f.

41 Ausführlich in: Ladenthin, Volker: Pädagogische Maßgeblichkeiten und deren Rechtfertigung heute. In: Krause; Breinbauer (Hg.): Im Raum der Gründe. S. 69–97.

42 Nicht ihre Praxis – wohl aber die Voraussetzung für die Praxis. Man kann nur (!) lügen, weil/wenn man der Sprache prinzipiell die Idee der Wahrheit unterstellt.

nach, ob das Erlernen von weiteren Sprachen (und damit Diskursen) zum gelingenden Leben gehört oder nicht („Geltung").

Bildsamkeit und *Geltung* werden mithin zu zwei Ideen, die anlässlich der Betrachtung von Sprache gewonnen werden können. Diese Ideen sind „Möglichkeitsbedingungen"[43] allen Sprechens. Wie aber kommt es zur Vermittlung von beidem? Die *Vermittlung* zwischen beidem, also die Aufforderung, das Geltensollende zu erkennen, zu prüfen und anzuwenden, ist jener eigentümliche Bereich, der weder nur durch *Bildsamkeit* (Anthropologie, Psychologie) noch nur durch *Geltungsansprüche* (Rationalitätsdiskurse, Wissenschaft) abgedeckt werden kann – obwohl beides vorausgesetzt werden muss. Pädagogik geht demnach weder in Anthropologie (oder Psychologie) noch in Erkenntnistheorie (oder Ethik) auf.[44] Sie ist auch nicht durch Sozia-

---

43 Mikhail, Thomas: Erziehungswissenschaft zwischen Syntaktik, Semantik und Pragmatik. In: Pädagogische Rundschau 70 (2016) H. 6. S. 659–674.

44 So hatte es allerdings Johann Friedrich Herbart 1841 im „Umriss pädagogischer Vorlesungen" (1835/1841), eine seiner späteren Arbeiten, formuliert: „§ 1. Der Grundbegriff der Pädagogik ist die Bildsamkeit des Zöglings. (…) § 2. Pädagogik als Wissenschaft hängt ab von der praktischen Philosophie und Psychologie. Jene zeigt das Ziel der Bildung, diese den Weg, die Mittel und die Hindernisse." Zit. nach: Johann Friedrich Herbart – Systematische Pädagogik. Hg. v. Dietrich Benner. Bd. I: Ausgewählte Texte. Weinheim 1997. S. 185–196. Hier S. 186. Eine solche Konzeption muss sich der Frage stellen, warum der Zögling sittlich sein soll. (Und der Zögling selbst muss sich fragen, warum er sittlich handeln soll.) Diese Frage kann von der Ethik (= praktische Philosophie) nicht beantwortet werden, weil sie die Frage nach dem Sinn von Ethik (oder sittlichem Handeln) stellt. Die Frage nach dem Sinn der Ethik ist der Frage nach den Inhalten der Ethik logisch übergeordnet. Daher hatte z. B. Humboldt auch nicht die Ethik, sondern die nach dem letzten Sinn fragende Bildung als Ziel der menschlichen Bestimmung („Endzweck") angegeben: „Die letzte Aufgabe unsres Daseyns: dem Begriff der Menschheit in unsrer Person, sowohl während der Zeit unsres Lebens, als auch noch über dasselbe hinaus, durch die Spuren des lebendigen Wirkens, die wir zurücklassen, einen so grossen Inhalt, als möglich zu verschaffen,…" Humboldt, Wilhelm von: Theorie der Bildung des Menschen. Bruchstück. In: Wilhelm von Humboldt: Gesammelte Schriften. Hg. v. der Königlich Preussischen Akademie der Wissenschaften. Werke und Tagebücher hg. v. Albert Leitzmann. Bd. I. Berlin 1903. S. 282–287. Hier S. 283. (Auch in Ladenthin: Philosophie der Bildung. S. 154–159. Hier S. 155.) Der Mensch bestimmt sich weder letztlich noch ausschließlich durch sittliches Handeln, sondern dadurch, dass er nach dem Sinn aller Handlungsoptionen, auch der sittlichen, fragen kann.

lisation[45] oder Enkulturation[46] ersetzbar, weil Menschen sich frei (d.h. unter dem Anspruch von sachlicher und sittlicher Geltung) zu ihrer Sozialisation und zu ihrer Kultur in ein Verhältnis setzen können.

Vielmehr wird Pädagogik durch jene Sprachverwendung konstituiert, die jemanden auffordert und anleitet, das unter Geltungsanspruch Formulierte oder Praktizierte zu erkennen, zu prüfen und beim Handeln zu berücksichtigen. Nun können und *müssen* alle Menschen Sprache benutzen, um ihren Willen und ihre Vorstellungen zu artikulieren.

Dabei kann jede existierende Sprache gelernt werden, weil *jedes* Sprechen von der älteren Generation an die nächste weitergegeben wird. Alle können alles lernen. Mit der Möglichkeit (Bildsamkeit), jede Sprache lernen zu können, ist aber nicht entschieden, welche Sprache tatsächlich gelernt werden *soll*. Eltern (und weitere Erzieher) stellen also die Bildsamkeit im Hinblick auf Sprache unter den Anspruch von *Geltung*, indem sie entscheiden, welche Sprache wie gelernt werden soll. Diesen Diskurs angesichts von Bildsamkeit und Geltungsanspruch kann man als pädagogischen Diskurs bezeichnen. Er ist mithin angesichts der Sprache denknotwendig.

> Beispiel:
>
> Augustinus (354–430): Über den Lehrer (Ein Dialog)
>
> Augustinus:
> Was wollen wir deiner Meinung nach (bewirken), wenn wir sprechen?
> Adeodat:
> Ich denke, wir wollen entweder belehren oder lernen.
> Augustinus:
> Das erste scheint mir klar, und ich stimme zu, denn es liegt auf der Hand, daß wir die Sprache brauchen, wenn wir belehren wollen; aber wieso brauchen wir sie zum Lernen?

---

45 „Es könnte Verwirrung stiften, wenn man den Erziehungsbegriff auf einen so weiten Bedeutungsumfang [wie den der Sozialisation, V. L.] ausdehnen würde, und deshalb ist der Begriff Sozialisation von Nutzen. In der Theorie kann man die Erziehung als Ausdruck für bestimmte spezielle Formen des Sozialisierungsprozesses, dem Oberbegriff Sozialisation unterstellen." Erziehung sei auf „selbstbewußtes Handeln" bezogen, während sich die Sozialisationsforschung den „automatisch" gelernten Prozessen zuwende. Aus: Child, Irvin L.: Art.: Sozialisation (Sozialisierungsprozeß). In: Wörterbuch der Soziologie, hg. v. Wilhelm Bernsdorf. Bd. III. Frankfurt/M. 1972. S. 762–765. Hier S. 762f.

46 Loch, Werner: Enkulturation als anthropologischer Grundbegriff der Pädagogik. In: Bildung und Erziehung 21 (1968). H. 3. S. 161–178.

Adeodat:

Wie willst du sonst Aufschluss geben, wenn man dich nicht fragt?

Augustinus:

Auch in diesem Falle glaube ich, daß wir nichts andres tun wollen als belehren. Denn sag selbst, ob du eine Frage aus einem andern Grund stellst, als um den von dir Befragten über das, was du wissen willst, zu belehren?

Adeodat:

Das ist schon richtig.

Augustinus:

Nun also daraus siehst du, daß wir mit dem Sprechen einzig und allein belehren wollen. (...) Du gibst also zu, daß die Sprache zu nichts anderm da ist als zur Belehrung oder zum Insgedächtnisrufen? (...) und ich glaube, du wirst zugleich auch beobachtet haben, wenn einer behauptet, wir dächten in Worten, daß wir innerlich zu uns selbst sprechen, obgleich ganz geräuschlos.[347]

Michel de Montaigne (1533–1592):

„Da wir uns allein durch das Wort verständigen können, verrät, wer es fälscht, die Gesellschaft."[48] Denn „nur durch das Wort sind wir Menschen und zur Gemeinschaft fähig"[49].

*

Anthropologisch, kommunikationstheoretisch oder transzendental-sprachkritisch kann also gezeigt werden, dass Pädagogik eine mögliche/tatsächliche, eine vorauszusetzende und eine denknotwendige menschliche Praxis ist. Wenn aber eine spezifische Praxis als notwendig für das Funktionieren anderer Praxen begründet werden kann, gehört diese spezifische Praxis auch notwendig in den an die nächste Generation weiterzugebenden Aufgabenbereich des Menschen – und damit zur Bildung. Denn Bildung beschreibt die Fähigkeit des Menschen, angesichts von Herausforderungen bestmöglich zu

47 Aurelius Augustinus: Der Lehrer. In deutscher Sprache von Carl Johann Perl. Paderborn 1959. S. 1–4; Übers. von mir leicht ergänzt, V. L. (= Kap. I)

48 Montaigne, Michel de: Wenn man einander des Lügens bezichtigt. In: Ders.: Essais. Erste moderne Gesamtübersetzung von Hans Stilett. Frankfurt/M. 1998. S. 329–333. Hier S. 333.

49 Montaigne, Michel de: Über die Lügner. In: Ders.: Essais. Erste moderne Gesamtübersetzung von Hans Stilett. Frankfurt/M. 1998. S. 20–24. Hier S. 23.

handeln. Pädagogische Bildung ist also notwendig, weil sonst Kultur, Gesellschaft oder Kommunikation nicht oder nur zufällig möglich wären.

Wenn in den weiteren Überlegungen auf eine *ökonomische* („Kinder sind unser Kapital!") oder *funktionalistische* Begründung („Der Staat braucht qualifizierte Bürger!") der Pädagogik verzichtet wird, so deshalb, weil eine solche Begründung die Frage nach dem *Ziel* von Handlungszwecken und damit nach dem *gelingenden* Leben als regulativer Idee für die pädagogischen Prozesse an andere Diskursformen auslagert oder delegiert. *Wirtschaft* und *Staat* werden dann als letztlich den Menschen bestimmende und formende Mächte (Humboldt: „Endzweck") impliziert. Die Frage aber bleibt: Wer gestaltet Wirtschaft und Staat, nach welchen Prinzipien, und wie lernt er diese Prinzipien? Was ist der Sinn von Wirtschaft und Staat? Was ist also der „Endzweck" allen menschlichen Handelns? Die Theorie pädagogischen Handelns begründete bei der Unterordnung unter Ziele der Wirtschaft oder des Staates keine eigene Praxis, sondern bliebe nur eine Theorie von Techniken zur Vermittlung von *beliebigen* ökonomischen oder sozialen Geltungsansprüchen.

Zwar soll nicht marginalisiert werden, dass die Zunahme von hochqualifizierten Einwohnern zur Qualitätssteigerung ökonomischer und letztlich gesellschaftlicher Prozesse führen kann[50] – so dass es nachvollziehbar ist, wenn Lehrbücher der Volkswirtschaftslehre zu den bisher üblichen drei Bedingungen der ökonomischen Prosperität (Arbeit, Kapital, Boden) nunmehr die Qualifikation des Betriebspersonals als „Humankapital" aufwerten;[51] aber die Frage nach der Optimierung wirtschaftlicher Prozesse ist nicht identisch mit der Frage nach dem *Zweck*, dem das Wirtschaften dienen soll. Diese letzte Frage aber kann eine Theorie des Wirtschaftens nicht allein beantworten. Sie ist dazu auf andere Diskursformen verwiesen. Ohne eine Antwort auf die Frage nach dem „Wozu?" wäre das Wirtschaften keine für Bildungsprozesse legitimierte Rationalitätsform.

---

50 So etwa Martin Luther: „Nun liegt einer Stadt Gedeihen nicht allein darin, daß man große Schätze sammle, feste Mauren, schöne Häuser, viel Büchsen und Harnisch zeuge; ja, wo des viel ist, und tolle Narren drüber kommen, ist so viel desto ärger und desto größerer Schade derselben Stadt; sondern das ist einer Stadt bestes und allerreichstes Gedeihen, Heil und Kraft, daß sie viel feiner, gelehrter, vernünftiger, ehrbarer, wohlgezogener Bürger hat, die könnten darnach wohl Schätze und alles Gut sammeln, halten und recht brauchen." Aus: Luther, Martin: An die Ratsherren aller Städte deutschen Landes, daß sie christliche Schulen aufrichten und halten sollen (1524, Auszug). In: Heilmanns Quellenbuch der Pädagogik. In neuer Gestalt herausgegeben von Dr. Johannes Wilhelmsmeyer. Unter Mitwirkung von Dr. Hermann Pixberg. Dortmund 1955. (5. erw. Aufl.). S. 29–37. Hier S. 32.

51 Vgl. z. B. Fischbach, Rainer; Wollenberg, Klaus: Volkswirtschaftslehre: Einführung und Grundlagen mit Lösungen. 13. Aufl. München, Wien 2007. S. 27.

Ebenso ist nachvollziehbar, dass für die Reproduktion einer Gesellschaft die nachwachsende Generation in der Aneignung der Tradition geschult werden muss und eine Gesellschaft ohne Bildungssystem nicht *funktioniert*; aber *inwiefern* und *warum* diese Gesellschaft es wert ist, dass sie sich reproduziert, ist mit dem Umstand der Reproduzierbarkeit noch nicht geklärt. Die Geschichte der Menschheit zeigt nun, dass aus der Faktizität einer Gesellschaftsordnung weder auf ihre Dauer noch auf ihre Geltung geschlossen werden kann. „Teilhabe" ist kein absolutes Bildungsziel.[52]

Da über Lebenssinn wie gesellschaftlichen Umgang das Subjekt frei und selbst entscheiden muss, und nicht eine Institution diese Entscheidung stellvertretend für das Subjekt treffen oder festlegen kann, muss jedes Subjekt sowohl die Fragen als auch mögliche Antworten nach dem Lebenssinn und der Geltung von Gesellschaftsordnungen beantworten. Die *Frage* nach dem humanen Sinn des Lernens über den pragmatischen Zweck hinaus ist also weder in der ökonomischen noch in der funktionalistischen Betrachtung beantwortet, sondern muss in einer eigenen, nämlich *pädagogischen* Rationalitätsform thematisiert werden. Sowohl ökonomische wie funktionalistische Begründungen von pädagogischen Handlungen müssen also noch einmal von einer pädagogischen Theorie geprüft und kritisch gerahmt werden: Inwiefern sind sie bedeutsam für das Subjekt und daher potentieller Lerngegenstand? Das Vorhandensein von Gesellschaft legitimiert nicht Bildung; vielmehr ermöglicht Bildung es, Gesellschaft gerecht zu gestalten. Gesellschaft ist die Herausforderung, nicht das Ziel der Bildung.

*

Wie lässt sich nun das Besondere des Faches „Pädagogik" – das sogenannte „Proprium" (lat. für „das Eigene", „die Identität") des Faches genauer beschreiben?

---

52 Vgl. Adorno, Theodor W.: Erziehung nach Auschwitz (1966). In: Ders.: Erziehung zur Mündigkeit, Frankfurt/M. 1971. S. 88–102. Hier S. 88: „Die Forderung, dass Auschwitz nicht noch einmal sei, ist die allererste an Erziehung. Sie geht so sehr jeglicher anderen voran, dass ich weder glaube, sie begründen zu müssen noch zu sollen."

2.   Das Proprium des Pädagogischen

Die wissenschaftliche Pädagogik (Erziehungswissenschaft[53]; heute auch Bildungswissenschaft[54], Bildungsforschung[55]) ist ein hoch ausdifferenziertes Fach mit einer letztlich unübersehbaren Tradition – und einer nicht mehr zu erfassenden Praxis in Vergangenheit und Gegenwart weltweit. Wie soll es da gelingen, so etwas wie den Grundgedanken der Pädagogik zu formulieren, der für *alle* pädagogischen Handlungen leitend ist, die als pädagogisch gelten wollen oder gelten sollen?

2.1   Welche Forschungsfragen gehören nicht zur Pädagogik?

Eine erste Antwort kann gefunden werden, wenn angegeben wird, was *nicht* pädagogisch ist, weil es bereits von anderen Wissenschaften bearbeitet wird. In Bezug auf den Menschen sind dies z. B. alle Fragen, die die (biologische) Natur des Menschen betreffen. Sie werden von der Biologie, der Medizin, der Psychologie und zum Teil von der Anthropologie behandelt. Und es sind alle Fragen der nicht-intentionalen Vergesellschaftung des Einzelnen; sie werden unter dem Stichwort der „Sozialisation"[56] von der Soziologie untersucht: „Sozialisation (ist ein) allgemeiner Begriff für die soziale Prägung des Menschen durch Umwelt und Milieu in Abgrenzung sowohl zu *Enkulturation* als kultureller Bildung und *Personalisation* als selbstschöpferischer Entfaltung der eigenen Personalität wie auch zu *Erziehung* als *geplanter* Lernhilfe."[57] Das heißt nun nicht, dass Antworten dieser Wissenschaften nicht beim pädagogischen Handeln berücksichtigt werden müssten. Es heißt aber, dass sie *nicht*

---

53   Brezinka, Wolfgang: Von der Pädagogik zur Erziehungswissenschaft. Weinheim 1971 (3. Auflage 1975).

54   Vgl. Kiper, Hanna: Bildungswissenschaften. Begriff, Profile, Perspektiven. In: PÄD-Forum: unterrichten erziehen 37/28 (2009) H. 3. S. 127–131.

55   Tippelt, Rudolf (2002): Einleitung des Herausgebers. In: Handbuch Bildungsforschung, hg. v. Rudolf Tippelt. 2. Aufl. Opladen 2009. S. 9–20.

56   Zur Abgrenzung vgl. auch Hurrelmann, Klaus: Einführung in die Sozialisationstheorie. Weinheim, Basel 2002: „In einer modernen Definition lässt sich unter Bildung die Förderung der Eigenständigkeit und Selbstbestimmung eines Menschen verstehen [...] Bildung schützt gegen die soziale und kulturelle Funktionalisierung des Menschen und sichert seine Individualität. Sie ist in diesem Verständnis die normative Zielsetzung des Sozialisationsprozesses." [S. 17, Hervorheb. v. mir, V. L.]

57   Art.: Sozialisation. In: Böhm: Wörterbuch der Pädagogik. S. 596. [Hervorheb. v. mir, V. L.]

das Proprium der pädagogischen Wissenschaft kennzeichnen.[58] So schreibt Aristoteles (384–322): „Die Tugenden entstehen in uns also weder von Natur noch gegen die Natur. Wir sind vielmehr von Natur dazu gebildet, sie aufzunehmen, aber vollendet werden sie durch die Gewöhnung."[59] Diese Gewöhnung kann intentional („vernünftig"[60]) gestaltet werden: In pädagogischen Prozessen. *Pädagogik ist also – in einem ersten Zugriff – etwas, das sich nicht mit Natur- oder Gesellschaftswissenschaften erklären oder gestalten lässt.* Andernfalls wäre die Pädagogik überflüssig.

2.2 Gibt es eine einheitsstiftende Fragestellung der Pädagogik?

Die Vielzahl der Diskurse und der historischen und gegenwärtigen Kulturen zeigt an, dass menschliches Leben nicht völlig von der Natur bestimmt sein kann, sondern eine Wahlfreiheit besteht: Menschen ist die Sprachfähigkeit angeboren, aber welche Sprache sie letztlich sprechen, unterliegt der freien Entscheidung. Wenn also davon ausgegangen werden kann, dass Menschen nicht schon bei der Geburt alles wissen und können und sich zudem das zu erwerbende Wissen auch nicht – wie ein Keim – entwickelt, sondern das Wissen und Können erst noch gelernt werden muss; wenn zudem davon ausgegangen wird, dass mit der Geburt noch nicht festgelegt ist, was Menschen lernen können und sollen, dann ergibt sich daraus die Idee der *Bildsamkeit* des Menschen. Sie besagt, dass der Mensch nicht von Natur aus auf alle Handlungsformen festgelegt ist und dass er sie daher lernen kann – und schließlich lernen muss.

Dieses „Müssen" leitet sich aus der Überlegung ab, dass die vorauszusetzende Freiheit falsch und richtig, gut und böse gebraucht werden kann: So kann die Freiheit unbeachtet bleiben, weil *keine* Differenz zwischen Ich und Gesellschaft, Geschichte und Zukunft, Verstehen und Akzeptieren oder Sein

---

58 Vgl. Heitger, Marian: Die Erziehungswissenschaft in ihrem Verhältnis zur Psychologie und Soziologie. In: Götz, Bernd; Kaltschmid, Jochen (Hg.): Erziehungswissenschaft und Soziologie. Darmstadt 1977. S. 267–286.

59 Aristoteles: Nikomachische Ethik. Übers. u. hg. v. Olof Gigon. München 1978. S. 81 (= 1103a).

60 Vgl. Aristoteles: Politik. S. 254: „Gut und tüchtig nun wird man durch dreierlei, Naturanlage, Gewöhnung und Vernunft. […] Die anderen Lebewesen endlich leben zwar vorzugsweise nur nach der Natur und nur einige in einigen wenigen Stücken auch nach der Gewöhnung, aber der Mensch auch nach der Vernunft, denn nur er besitzt Vernunft. So muß dies alles miteinander übereinstimmen; vieles nämlich tun die Menschen auch wider ihre Gewohnheiten und ihre Naturanlage durch die Vernunft, wenn sie sich davon überzeugen, daß es anders besser sei." (=1332b).

und Sollen wahrgenommen wird. So kann die eigene Freiheit missbraucht werden, um die Freiheit der anderen Menschen zu unterdrücken – und somit selbstwidersprüchlich zu werden. Damit ist aber ein Bezugspunkt allen pädagogischen Handelns angegeben: der der *Geltung*. Pädagogisches Handeln bedarf der vorauszusetzenden Idee der Geltung. Pädagogisches Handeln setzt voraus, dass es etwas gibt, was sich zu lernen lohnt, weil es besser ist als das, was man bereits weiß, tut oder kann. Etwas *soll* wahr sein, sittlich, gesund, schön, politisch richtig usw. *Nur* dann und *nur unter dieser Voraussetzung* muss man es lernen.

Das *Ziel* dieses Lernprozesses liegt darin, künftig über die entsprechenden Rationalitäts- und den ihnen folgenden Handlungsformen verfügen zu können. So schreibt Comenius (1592–1670), dass „das Leben ja nicht mit Lernen, sondern mit Handeln zugebracht werden soll. Wir sollten also so früh wie möglich zu den Handlungen des Lebens angeleitet werden…"[61] Um Handeln zu können, muss sich der Einzelne die notwendigen, nützlichen oder sinnvollen Inhalte und Handlungsweisen aus den Diskursen über Natur und Kultur, den Umgang mit anderen Menschen und sich selbst aneignen. Künftige Handlungen müssen richtig und zudem so gestaltet sein, dass sie den anderen Menschen in der ihnen zukommenden Weise entsprechen, d.h. die Würde des Menschen zur Selbstbestimmung nicht nur nicht missachten, sondern womöglich auch fördern.

Damit wären zwei Grundgedanken pädagogischen Handelns bestimmt, die sicherlich noch ergänzt werden können, die aber unverzichtbar und daher grundlegend sind: Der erste Grundgedanke ist jener der Bildsamkeit, der voraussetzt, dass das, was gelernt werden soll, auch gelernt werden *kann*. Der zweite Grundgedanke ist jener der Geltung, der voraussetzt, dass es überhaupt etwas zu lernen gibt, was gelernt werden *soll*.

Die Vermittlung zwischen Bildsamkeit und Geltungsanspruch ist im Begriff des Aufforderns zum Lernen (erkennen, prüfen, gestalten) aufgehoben. *Pädagogisch* sind jene Handlungen zu nennen, die dazu auffordern, dasjenige gedanklich oder material *gestalten* zu lernen, was von der Natur nicht determiniert ist und von der Gesellschaft nicht bestimmt werden soll. Da diese *Gestaltung* immer vom handelnden Subjekt selbst geleistet werden muss, vollzieht sich der Lernprozess ausschließlich in Selbsttätigkeit. *Pädagogik ist demnach die Aufforderung zur Selbsttätigkeit angesichts von Bildsamkeit und Geltung.*

Dabei haben *alle* Lehr- und Lernformen immer eine personale sowie eine zeitlich-räumliche Dimension. Personale Beziehungen, Zeiten und Räume

---

61   Comenius, Johann Amos: Große Didaktik. Übers. u. hg. v. Andreas Flitner. 2., neubearb. Aufl. Düsseldorf, München 1960. S. 50. (= 7. Kapitel).

können und müssen daher gestaltet werden, und zwar so, dass sie die pädagogische Aufgabe unterstützen und gewährleisten. Von diesen Gedanken ausgehend kann man zu einer Gliederung der Pädagogik nach Aufgabenbereichen gelangen.

Die Leitidee aller pädagogischen Handlungen ist *die Befähigung zur Gestaltung unter Geltungsanspruch („Handeln")*: „Die Verknüpfung unsres Ichs mit der Welt zu der allgemeinsten, regesten und freiesten Wechselwirkung."[62] Dies meint der Begriff der *Bildung*, wie er keineswegs ausschließlich nur in der abendländischen (oder gar nur deutschen) Tradition, sondern vielmehr weltweit und zeitübergreifend in unterschiedlicher Terminologie und mit zahllosen verschiedenen Bedeutungsakzenten gültig ist.[63]

Der Begriff der Bildung erschließt sich weder nur systematisch noch nur historisch. Dass er kultur- und geschichtsübergreifend vorausgesetzt wird, mögen folgende Zitate erläutern:
- So schreibt in der antiken griechischen Kultur Demokrit (460/459–371): „Wer *wohlgemut* leben will, der darf nicht vielerlei treiben, weder in eigener noch in öffentlicher Sache. Und was er auch treibt, darf seine eigene Kraft und Bewegung nicht übersteigen. (…) Denn rechtes Maß ist sicherer als Übermaß."[64]
- In der jüdisch-christlichen Tradition lautet dieser Bildungsgedanke: „DV aber / bleibe in dem das du gelernet hast / vnd dir vertrawet ist / Sintemal du weissest / von wem du gelernet habst / (…) Denn alle Schrifft von Gott eingegeben / ist nütz zur lere / zur straffe / zur besserung / zur züchtigung in der gerechtigkeit / Das ein Mensch Gottes / *sey volkomen / zu allem guten werck geschickt.*"[65]
- Analoge Überlegungen lassen sich in anderen Kulturen nachweisen: So wird Konfuzius (551–479) mit folgendem Satz zitiert: „Es gewährt *Befriedigung*, Wissen zu erwerben und, sich fortwährend weiterbildend, das Gelernte in die Tat umzusetzen."[66]

---

62 Humboldt: Theorie der Bildung des Menschen. S. 283f.

63 Vgl. die Beiträge in: Kropač, Ulrich; Pittrof, Thomas (Hg.): Bildung und Univers(al)ität. St. Ottilien 2015.

64 Demokrit: Fragmente (Fr. 3). Zit. nach: Ladenthin: Philosophie der Bildung. S. 38.

65 2 Timotheus 2, 14–17. Zit. nach: Biblia. Das ist: Die gantze Heilige Schrifft: Deudsch Auffs new zugericht. D. Mart. Luth. Begnadet mit Kurfürstlicher zu Sachsen Freiheit. Gedruckt zu Wittemberg Durch Hanns Lufft. M.D.XLV.

66 Worte des Konfuzius. Bearbeitet und eingel. v. Rudolf Wrede. München o. J. S. 127.

Wie der Anspruch der Bildung umgesetzt wird, ist historisch vielfältig und daher rekonstruierend nachzuzeichnen und jeweils auf Geltung hin zu prüfen. Im Hinblick aber auf gelingendes Leben, das *Wohlgemutheit, Vollkommenheit* oder *Befriedigung* zum Ziel hat, sind immer Lernprozesse nötig, die unter Geltungsanspruch stehen.

Pädagogisch gestaltetes Lernen, das auf künftige Selbstbestimmung und Verantwortung zielt, kann *nur* durch Selbsttätigkeit erfolgen, indem derjenige sich durch eigenes Bemühen das zu Lernende aneignet. Da der zu Bildende am Ende das zu Lernende selbst nutzen soll, ist Lernen immer nur als Eigenaktivität denkbar, weil andernfalls nicht erklärt werden kann, wann und wie Fremdbestimmung in Selbstbestimmung überführt werden kann. Man kann zudem immer nur selbst denken. Wenn Lernen die Einsicht in das zu Lernende ist, kann es nicht von außen bewirkt, sondern nur durch Anregungen bemerkt und mit eigener Anstrengung erbracht werden. Da am Ende aller Bildungsprozesse die eine Person stehen soll, die ihr Handeln selbsttätig und selbstständig ausführt, kann der Lehr- und Lernvorgang nicht unter Ausschluss dieser Selbsttätigkeit erfolgen. Methode aller pädagogischen Bemühungen ist also die Aufforderung zur Selbsttätigkeit unter Geltungsanspruch: Pädagogisches Handeln kann also als *Aufforderung zu sinnvoller Selbstständigkeit durch gültige Selbsttätigkeit* beschrieben werden. Dies ist das Proprium des Pädagogischen. Unterricht ist demnach immer dann *Pädagogikunterricht*, wenn dieses Proprium (oder eine zu ihm beitragende Teilfrage) thematisiert wird.

Die Befähigung zu selbstständigen und eigenverantwortlichen Handlungen muss sachlich angemessen und sittlich verantwortbar sein. Spätestens seit Johann Friedrich Herbart (1776–1841)[67] nennt man die Aufgaben des Pädagogen einerseits *Unterricht* (im Unterschied zur lebensweltlichen Erfahrung) und *Erziehung* (im Unterschied zum lebensweltlichen Umgang bzw. der Sozialisation).

Unterricht und Erziehung finden *notwendig* in einer zu gestaltenden *Situation* statt, die einerseits das *leibliche* und das *seelische* Wohl des anderen nicht außer Acht lassen, sondern – soweit wie für den Bildungsprozess nötig – fördern muss, um die eigene Intention nicht zu verfehlen: Dies ist die *fürsorgliche* Seite pädagogischen Handelns.

Andererseits finden aller Unterricht und alle Erziehung immer schon *unter geltenden Regeln der sozialen Gemeinschaft statt*, weil das Aufstellen von Regeln erst erlernt werden soll und nicht als angeboren oder als bereits anso-

---

67 Herbart, Johann Friedrich: Allgemeine Pädagogik, aus dem Zweck der Erziehung abgeleitet (1806). In: Ders.: Pädagogische Schriften. Hg. v. Friedrich Bartholomäi. Sechste Auflage neu bearbeitet und mit Erläuterungen versehen von Ernst von Sallwürk. Bd. I. Langensalza 1896. S. 113–278. Hier S. 167–172.

zialisiert vorausgesetzt werden kann. Diese vorab geltenden oder festgelegten Regeln müssen soweit eingehalten werden, dass der Bildungsprozess nicht gefährdet ist: dies ist die *disziplinarische* Seite pädagogischen Handelns.

Schließlich kann der pädagogisch Handelnde den Prozess des Lehrens und Lernens „gesellig" (als face-to-face-Situation, als Gruppe, als Gemeinschaft) gestalten – dies ist der soziale Aspekt pädagogischer Prozesse. Er wurde mit Konzepten wie der „vorbereiteten Umgebung"[68], der „Aufgabengemeinschaft"[69], dem „sozialen Lernen"[70] oder dem „pädagogischen Bezug"[71] diskutiert.

Wir können daher formulieren, dass
Bildung,
Unterricht,
Erziehung,
Fürsorge,
Disziplinierung und
Gemeinschaft
grundlegende, ordnende und unverzichtbare pädagogische Begriffe sind, deren Einheit durch die Bestimmung von „Bildung" gestiftet wird. Jede sich als pädagogisch selbst deklarierende Handlung kann also unter diesen Begriffen betrachtet werden, wenn sie denn zu Recht als *pädagogisch* verstanden werden will.

Diese Überlegung hat für die Gestaltung des Lehrplans Konsequenzen: Solange die genannten Grundbegriffe leitend sind, ist es zweitrangig (allerdings nicht beliebig), an welchem Beispiel diese Grundbegriffe abgearbeitet werden: *Immer dann handelt es sich um Pädagogikunterricht, wenn die Frage nach dem Beitrag zum Verständnis der Aufforderung zur Selbsttätigkeit zur Erlangung von gelungener Selbständigkeit – oder einer in begründbarem Bezug zu dieser Fragestellung stehenden Teilfrage – gestellt wird.* So ist es denkbar, Erträge der Hirnforschung unter der Frage zu diskutieren, inwiefern sie über

---

68 Montessori, Maria: Kap. Vorbereitete Umgebung. In: Oswald, Paul; Schulz-Benesch, Günter (Hg.): Grundgedanken der Montessori-Pädagogik. Quellentexte und Praxisberichte. Überarbeitet und aktualisiert von Harald Ludwig. 21. Aufl. Freiburg/Br. 2008. S. 98–104.

69 Art.: Gemeinschaft. In: Rekus, Jürgen/ Mikhail, Thomas: Neues schulpädagogisches Wörterbuch. (Neuausgabe) Weinheim und Basel 2013. S. 133–138.

70 Rekus, Jürgen: Soziales Lernen – Vom Konflikt zur Sozialverpflichtung. Hildesheim 1985.

71 Giesecke, Hermann: Die pädagogische Beziehung. Pädagogische Professionalität und die Emanzipation des Kindes. Weinheim und München 1997.

Bildungsvorgänge (Freiheit unter Anspruch von Geltung) aufklären. Ebenso ist es denkbar, Erträge der Sozialisationsforschung dergestalt zu diskutieren, inwiefern faktische Sozialisation Bildungsprozesse fördert oder behindert.

2.3 Applikationen der pädagogischen Frage

Pädagogik ist also als *Fragestellung* zu verstehen (etwa analog zu Ethik oder Politik), mit der grundsätzlich *alle* menschlichen Tätigkeiten betrachtet werden können.

Diese Betrachtungen können
- *systematisch* orientiert sein (z. B. die Differenz zwischen pädagogischer Aufforderung und politischer/betrieblicher Führung (leadership) in Öffentlichkeit oder Berufsausbildung aufzeigen können),
- *historisch* orientiert sein (z. B. das Verhältnis von Natur und Kultur im Erziehungsbegriff bei Adolph Diesterweg (1790–1866) aufzeigen können),
- *Konzepte* betreffen (z. B. „Pädagogische Forderungen bei Aristoteles" systematisieren und auf seine politische Teleologie beziehen können),
- aber auch lebensweltliche *Vollzüge* betreffen (z. B. Mädchenerziehung im antiken Griechenland zu zeitgenössischen Erziehungskonzepten in Europa bzw. anderen Weltgesellschaften in Bezug stellen können).

Es wäre demnach nicht nötig, jene Themen und Bereiche auszuweisen, an denen sich pädagogisches Denken *realisiert* und praktisch wird. Wenn es dennoch kurz versucht wird, so ist dies dem Umstand geschuldet, dass hier zugleich identitätsstiftende Gegenstände des Pädagogikunterrichts angesprochen werden.
- So kann die pädagogische Fragestellung auf *Objektivationen*, zumeist Texte angewendet werden, *die von sich selbst behaupten, ein Beitrag zur Pädagogik zu sein.* Hierzu zählen – neben Bilddokumenten[72] – die inzwischen gut dokumentierten und breit akzeptierten – Klassiker[73], die Schlüssel-[74] oder Hauptwerke[75] der Pädagogik. Die Bearbeitung erfolgt mit drei grundlegenden Fragestellungen:

---

72 Hilker, Franz (Hg.): Pädagogik im Bild. Freiburg 1956. / Alt, Robert: Bilderatlas zur Schul- und Erziehungsgeschichte. 2 Bände. Berlin (DDR) 1960 und 1965.
73 Vgl. Scheuerl, Hans (Hg.): Klassiker der Pädagogik. 2 Bände. München 1991.
74 Prange, Klaus: Schlüsselwerke der Pädagogik. 2 Bände. Stuttgart 2008.
75 Böhm, Winfried; Fuchs, Birgitta; Seichter, Sabine (Hg.): Hauptwerke der Pädagogik. Paderborn 2009.

1. Zuerst die inhaltliche Analyse des Selbstverständnisses,
2. dann eine Prüfung der inneren Stimmigkeit und
3. schließlich die Beantwortung der Frage, inwiefern der jeweilige Ansatz dem entspricht, was man unter Pädagogik (oder dem jeweiligen Aspekt) verstehen sollte.

– Allerdings können auch *Werke, die für sich selbst keinerlei pädagogische Intention haben,* unter pädagogischer Perspektive betrachtet werden (vgl. oben die Auseinandersetzung mit den Schriften von Habermas), da ja nicht vorab zu klären ist, ob sie den Begriff des Pädagogischen erweitern oder begrenzen können. So sind etwa die Schriften von Platon (428/427–348/347) intentional gar nicht dem Paradigma des Pädagogischen zugeordnet gewesen (sondern der Philosophie), können aber als solche gelesen werden, wie es etwa Rousseau in seinem Traktat über die Erziehung bemerkt: „Wollt ihr euch eine Vorstellung von der öffentlichen Erziehung machen? Lest Platons ‚Staat‘.“ Es sei „die schönste Abhandlung über Erziehung, die je geschrieben wurde“.[76]

– Es gibt auch *Zwischenformen*: So hat Immanuel Kant (1724–1804) seine Ethik in kurzer Darstellung selbst pädagogisch ausgelegt,[77] der Philosoph, Kunst- und Musiktheoretiker Theodor W. Adorno (1903–1969) hat sich zu allgemeinen Fragen der Pädagogik aber auch speziell zur Musikdidaktik geäußert.[78]

– Des Weiteren können *Situationen* beschrieben werden, naheliegenderweise solche, die intentional pädagogisch gestaltet werden sollten – etwa das Generationsverhältnis, das Eltern-Kind-Verhältnis, die Erziehungs- oder Lehr-Lernsituationen, häusliche, schulische und betriebliche Bildung.

– Zudem können aber auch alltägliche *Situationen* unter pädagogischer Frage betrachtet werden: Berühmtes Beispiel ist die in der Erzählung „Nachts schlafen die Ratten doch“ von Wolfgang Borchert (1921–1947)[79] geschilderte Situation eines Kindes, dessen Sorge um seinen toten Bruder das eigene Leben gefährdet – so dass zu fragen ist, *wie* man ein Kind

---

76 Rousseau, Jean-Jacques: Emile oder über die Erziehung. S. 114.
77 Vgl. Kant, Immanuel: Ethische Methodenlehre. In: Ders.: Die Metaphysik der Sitten. [1797] In: Immanuel Kant. Werke in zehn Bänden, hg. v. W. Weischedel. Bd. 7. Darmstadt 1983. S. 309–634. Hier S. 615–625. / Kant, Immanuel: Methodenlehre der reinen praktischen Vernunft. In: Ders: Kritik der praktischen Vernunft. (1788) In: Immanuel Kant. Werke in zehn Bänden. S. 105–302. Hier S. 285–299.
78 Adorno, Theodor W.: Zur Musikpädagogik. In: Ders.: Dissonanzen. Musik in der verwalteten Welt. Berlin 1958. S. 102–120.
79 Borchert, Wolfgang: Nachts schlafen die Ratten doch. (ca. 1945–47) In: Wolfgang Borchert. Das Gesamtwerk. Mit einem biographischen Nachwort von Bernhard Meyer-Marwitz. Hamburg 1974. S. 216–219.

lehren kann, Tod und Leben miteinander in ein sinnvolles Verhältnis zu setzen.

– Es können *Personen* betrachtet werden, die pädagogisch gehandelt oder gedacht haben.[80]

– Es können aber auch Nicht-Pädagogen unter pädagogischer Perspektive betrachtet werden.[81]

– Schließlich lassen sich *Institutionen* betrachten, *solche, die sich selbst mit pädagogischem Anspruch versehen,* (Familie[82], zur Vor- und außerschulischen Bildung, zur Sozialpädagogik z. B. Jugendgruppen, Jugendrecht, Jugendstrafvollzug als Wandel von Bestrafung zu Erziehung[83], Schule usw.)

– Oder allgemeine *Institutionen*, die pädagogisch betrachtet werden.

So lässt sich etwa die Frage, ob Mütter ihre Kinder selbst stillen, an die Institution der Amme abgeben oder mit Fläschchennahrung aufziehen sollen, als durchgehendes Thema der pädagogischen Literatur ebenso aufweisen[84] wie an Texten, die gar nicht pädagogisch intendiert sind:

Der Geschichtsschreiber *Tacitus* (58–120) bemerkt über das Erziehungswesen der Germanen: „So wächst, Haus für Haus, nackt und dürftig die Jugend heran (…). *Seiner eigenen Mutter Brust* hat jeden ernährt, keiner Magd- und Ammenwirthschaft verfällt das Kind."[85]

In der *Politeia* entwickelt Platon (428/427–348/347) dann die Utopie einer vollkommen institutionalisierten, anonymisierten Kleinkindererziehung:

---

80 Lischewski, Andreas: Meilensteine der Pädagogik. Geschichte der Pädagogik nach Personen, Werk und Wirkung. Stuttgart 2014. Zuvor: März, Fritz: Personengeschichte der Pädagogik. Ideen-Initiativen-Illusionen. Bad Heilbrunn/Obb. 1998.

81 Vgl. Miller, Alice: Am Anfang war Erziehung. Frankfurt/M. 1983, die das Leben eines drogenkranken Mädchens (Christiane F.), eines verbrecherischen Politikers (Adolf Hitler) und eines Kindermörders (Jürgen Bartsch) unter (anti-)pädagogischer Perspektive untersucht.

82 Nave-Herz, Rosemarie: Familie heute. Wandel der Familienstrukturen und Folgen für die Erziehung. 6. überarb. Aufl. Darmstadt 2015.

83 Z. B. Oberwittler, Dietrich: Von der Strafe zur Erziehung? Jugendkriminalpolitik in England und Deutschland (1850–1920). Frankfurt, New York 2000.

84 Vgl. Rousseau: Emile. S. 147: „Die Auswahl der Amme ist um so wichtiger, als ihr Säugling nie eine andere Wärterin haben darf als sie, so wie er auch nie einen anderen Lehrer haben darf als seinen Erzieher."

85 C. Cornelius Tacitus: Die Germania. Uebersetzt von Adolf Bacmeister. Stuttgart 1868. S. 32f. (Kap. XX).

„Weiter nun, die jedesmal geborenen Kinder nehmen die dazu bestellten Obrigkeiten an sich, bestehen sie nun aus Männern oder Frauen oder beiden, denn die Ämter sind ja auch Frauen und Männern gemeinsam. – Ja. – Die der guten nun, denke ich, tragen sie in das Säugehaus zu Wärterinnen, (…). – Diese werden also auch für die Nahrung sorgen, indem sie die Mütter, wenn sie von Milch strotzen, in das Säugehaus führen, so jedoch, daß sie auf alle ersinnliche Weise verhüten, daß keine das Ihrige erkenne, und indem sie, wenn jene nicht hinreichen, noch andere Säugende herbeischaffen. Und auch dafür werden sie sorgen, daß die Mütter nur angemessene Zeit lang stillen, die Nachtwachen aber und die übrige beschwerliche Pflege werden sie Wärterinnen und Kinderfrauen auftragen. – Gar große Bequemlichkeit des Gebärens, sagte er, bereitest du ja den Frauen der Hüter. – Das gebührt sich auch, sprach ich.“[86]

Auf der Homepage des *Ministeriums für Ernährung und Landwirtschaft* ist zu lesen:
„Stillen – Die beste Ernährung in den ersten Lebensmonaten. Muttermilch ist nicht nur mit Blick auf die Zusammensetzung und Verdaulichkeit der Inhaltsstoffe die ideale Nahrung: Sie enthält Wirkstoffe, die gegen Bakterien wirken, Entzündungen hemmen und das Immunsystem des Säuglings stärken. Die Weltgesundheitsorganisation (WHO) empfiehlt, Säuglinge in den ersten sechs Monaten ausschließlich zu stillen. Auch die Nationale Stillkommission (NSK), die 1994 gegründet wurde und am Bundesinstitut für Risikobewertung (BfR) in Berlin angesiedelt ist, vertritt die Auffassung, dass ausschließliches Stillen in den ersten sechs Monaten für die Mehrzahl der Säuglinge die ausreichende Ernährung ist. Gestillte Kinder erhalten durch das Stillen einen Schutz gegen Erreger aus der Umgebung der Mutter. (…) Die Nationale Stillkommission gibt keine ausdrückliche Empfehlung, wann endgültig abgestillt werden sollte, weil sich für Deutschland hierzu keine wissenschaftlich begründete Basis finden lässt. Der endgültige Zeitpunkt zum Abstillen sollte nach Auffassung der Kommission eine individuelle Entscheidung sein, die gemeinsam von Mutter und Kind getroffen wird. (…)
Die Nationale Stillkommission veröffentlicht Faltblätter mit Informationen und Empfehlungen für Schwangere und Stillende. Die *Stillinformationen für Schwangere* (zum Einlegen in den Mutterpass) und die

---

86 Platon: Politeia. In: Ders.: Sämtliche Werke. In der Übers. von Friedrich Schleiermacher (…). Hg. v. Walter F. Otto, Ernesto Grassi, Gert Plamböck. Hamburg 1958. S. 181 (=460d).

Stillempfehlungen für die Säuglingszeit (zum Einlegen in das Kinderuntersuchungsheft) sind in deutscher, türkischer, russischer, englischer, französischer und italienischer Sprache erhältlich."[12]

Viele nichtpädagogisch intendierte Institutionen lassen sich untersuchen, allen voran die Medien oder Kultureinrichtungen wie Fernsehen[88], Kinderliteratur[89] oder Theater[90].

Zum Theater als Ort der Bildung: Bertolt Brecht

„Nach allgemeiner Ansicht besteht ein sehr starker Unterschied zwischen Lernen und sich Amüsieren. Das erstere mag nützlich sein, aber nur das letztere ist angenehm. [...] Nun, wir können eigentlich nur sagen, daß der Gegensatz zwischen Lernen und sich Amüsieren kein naturnotwendiger zu sein braucht, keiner, der immer bestanden hat und immer bestehen muß. [...] [Denn es gibt soziale] Schichten, die [...] ein ungeheures praktisches Interesse am Lernen haben, sich unbedingt orientieren wollen, wissen, daß sie ohne Lernen verloren sind – das sind die besten und begierigsten Lerner. [...] Die Lust am Lernen hängt also von vielerlei ab; dennoch gibt es lustvolles Lernen, fröhliches und kämpferisches Lernen."[13]

---

87 Online unter: https://www.bmel.de/DE/Ernaehrung/GesundeErnaehrung/Sch wangerschaftBaby/_Texte/DossierSchwangerschaftUndBaby.html;jsessionid=E3 0F12E645B4FFB7C3C747E716322126.2_cid376?nn=406558¬First=true&do cId=635206 (Zugriff am 11.06.2017)

88 So z. B. der Erziehungswissenschaftler Postman, Neil: Wir amüsieren uns zu Tode. Urteilsbildung im Zeitalter der Unterhaltungsindustrie. Frankfurt/M. 1985.

89 Beutler, Kurt: Erich Kästner: Eine literaturpädagogische Untersuchung. Marburg 1966.

90 Böhm, Winfried: Das Theater als Bildungsanstalt. In: Ders.: Der pädagogische Placebo-Effekt. Zur Wirksamkeit von Erziehung. Paderborn 2016. S. 31–42.

91 Brecht, Bertolt: Vergnügungstheater oder Lehrtheater. In: Bertolt Brecht. Gesammelte Werke in 20 Bänden. Bd. XV. [= Schriften zum Theater Bd. I.] Hg. vom Suhrkamp Verlag in Zusammenarbeit mit Elisabeth Hauptmann. Frankfurt/M. 1967. S. 262ff. Hier S. 266ff.

Auch Betriebe, Freizeitveranstaltungen, Sport[92] oder Militär[93] lassen sich pädagogisch untersuchen.

Im Zusammenhang dieser Darstellung sollen hier nur grundsätzliche Perspektiven entworfen werden, die sowohl anders zu ordnen als auch ergebnisoffen auszudifferenzieren wären.

---

92 Der Klassiker: Coubertin, Pierre de: Pédagogie sportive. Paris 1922. Vgl. aber auch: Nohl, Herman: Der Wetteifer in der Schule. In: Die Erziehung: Monatsschrift für den Zusammenhang von Kultur und Erziehung in Wissenschaft und Leben. 4 1928/29. S. 521–530.

93 Weniger, Erich: Lehrerbildung, Sozialpädagogik, Militärpädagogik. Politik, Gesellschaft, Erziehung in der geisteswissenschaftlichen Pädagogik. Ausgewählt und kommentiert von Helmut Gaßen (Pädagogische Bibliothek Beltz, Band 5), Weinheim/Basel 1990.

3. Zur Begründung des Schulfaches Pädagogik

Wenn nun eine Rationalitäts- oder Handlungsform *notwendig* für menschliches Leben ist (wie sich anthropologisch, kommunikationstheoretisch oder transzendental-sprachkritisch zeigen lässt), dann muss diese Rationalitäts- oder Handlungsform auch unter zeitgemäßen Bedingungen gelernt (also erkannt, geprüft und angewendet) werden. Es kann nicht davon ausgegangen werden, dass sich angemessenes Reflektieren dieser Handlungsform *lebensweltlich* (s.o. Modelle 1 und 2) so aneignen lässt, dass verantwortlich gehandelt wird. Damit ließe sich Pädagogik als wissenschaftliche Disziplin begründen. Mit dieser Begründung ist aber noch nicht geklärt, ob Pädagogik an allgemeinbildenden Regelschulen verbindlich unterrichtet werden soll.[94]

Schule ist der Ort, an dem die nachwachsende Generation jene Rationaliätsformen lernt, die sie braucht, um den erreichten Stand der Kultur zu nutzen, das Leben selbst zu planen, gestalten, weiterzugeben oder zu verbessern. Kein Bereich sinnvoller Rationalitäts- und Handlungsformen darf deshalb aus der *allgemeinbildenden* Schule ausgeschlossen werden, weil ein Ausschluss bedeuten würde, dass eine Gesellschaft es dem Zufall überlässt, welchen Stand an Kultur die folgende Generation in diesem Bereich übernimmt und gestaltet.

Die lebensweltliche Vermittlung pädagogischen Wissens (Modell 1 und Modell 2) ist aufgrund der sozialen Entwicklung in hochkomplexen und arbeitsteiligen Gesellschaften grundlegend begrenzt:[95] Lernten Kinder in Mehrkindfamilien z.B. anhand des Umgangs der Eltern mit den jüngeren Geschwistern und anhand des Umgangs ihrer älteren Geschwister untereinander und mit deren Kindern pädagogisches Alltagswissen (s.o. Modell 1), so ist diese Weitergabe von pädagogischem Alltagswissen in einer Gesellschaft mit mehrheitlich Einkindfamilien nicht mehr gegeben.

Die hohe Verdichtung der Arbeitstätigkeiten lässt es zudem nicht zu, dass die ältere Generation zusätzlich und während ihrer beruflichen Tätigkeiten pädagogisches Knowhow zur Vermittlung dieser Tätigkeiten weitergibt (s.o. Modell 2): Es bleibt keine Zeit zur Erläuterung des stets stattfindenden pädagogischen Handelns. Alltagshandeln setzt vielmehr pädagogische Urteilskraft voraus.

---

94 Zur Problematik: Storck, Christoph: Muss, soll, kann Pädagogik in der Schule unterrichtet werden? In: Beyer, Klaus; Knöpfel, Eckehardt; Storck, Christoph: Pädagogische Kompetenz: die Basiskompetenz im 21. Jahrhundert. Hohengehren 2002. S. 1–88.

95 Grundsätzlich: Beyer, Klaus: Die historisch einzigartige Bedeutung pädagogischer Bildung. In: Beyer; Knöpfel; Storck: Pädagogische Kompetenz. S. 125–183.

Die sozialen Zustände – volle Berufstätigkeit beider Elternteile, dauerhafte Integration von Migranten mit anderem sprachlichen, kulturellen und religiösen Hintergrund, die leichte Zugänglichkeit aller Medien, das zunehmende Wissen um bessere Förderung von sozial oder gesundheitlich Benachteiligten usw. – machen es notwendig, dass möglichst viele Aufwachsende lernen, wie man den Erwerb von Kenntnissen, Fähigkeiten und Fertigkeiten, mit den öffentlichen Produkten einer medialisierten[96] und multikulturellen Gesellschaft sinnvoll gestaltet.

Je stärker sich die Öffentlichkeit von pädagogischen Aufgaben zurückzieht („Privatisierung"), desto mehr bedarf es der Kenntnisse und Fähigkeiten der einzelnen Bürger, die nun zu den Berufsqualifikationen auch in pädagogischen Rationalitätsformen angemessen qualifiziert werden müssen. Daher muss der Umgang mit den pädagogischen Aufgaben einer sich aus genau diesen Aufgaben zurückziehenden Öffentlichkeit vom Einzelnen gelernt werden.

In allen Wissensgebieten gehört es zum Standard, dass Grundlage für alltägliches Handeln nicht das zufällige Alltagswissen ist, sondern der je höchste Stand wissenschaftlicher Erkenntnisse. Selbstverständlich muss diese Grundregel auch für den zukunftsentscheidenden Bereich pädagogischer Urteilskraft gelten: Ohne wissenschaftsfundierte pädagogische Urteilskraft ist eine angemessene Einführung der nachfolgenden Generation in die Kultur und in die verantwortete Selbstständigkeit hochgradig gestört. *Eine Gesellschaft, die die im Alltag notwendige pädagogische Urteilskraft nicht wissenschaftlich fundiert an die gesamte nächste Generation weitergibt und damit auf dem höchstmöglichen Stand hält, entzieht sich selbst die Grundlagen* – es wäre so, als verzichtete man in Fragen der Ernährung auf die Erkenntnisse der Ernährungswissenschaften und würde die Volksgesundheit der Werbung und den Zufällen des Marktes überlassen. *Wenn Schule nun die prominenteste Institution ist, um in die Grundformen menschlichen Handelns einzuführen, weil lebensweltlich eine solche Einführung nicht mehr gewährleistet ist, dann muss Pädagogik an allgemeinbildenden Schulen regulär unterrichtet werden.*

---

96 Saxer, Ulrich: Mediengesellschaft: Eine kommunikationssoziologische Perspektive. Wiesbaden 2012.

Beispiel:

Verband der Pädagogiklehrerinnen und Pädagogiklehrer e.V.: Pädagogikunterricht – ein notwendiges Teilprojekt der Moderne
Pädagogik gehört neben Recht, Politik und Wirtschaft zu den vier großen gesellschaftlichen Praxisfeldern. Deshalb darf pädagogische Bildung im gesellschaftswissenschaftlichen Angebot der Schule nicht fehlen.

Heiland hat den Pädagogikunterricht als notwendiges Teilprojekt der Moderne begründet. Mit von Hentig argumentiert er, dass „Pädagogik als die Lehre von den Bedingungen, unter den menschliches Verhalten beeinflusst werden kann, [...] zur Grundausstattung aller Menschen für das verantwortliche Leben in dieser Zivilisation" gehört. Unter den Zwängen der Postmoderne können hochindustrielle Gesellschaften nur dann überlebensfähig und integrierbar bleiben sollen, wenn biographische Konstruktion nicht dem Zufällig-individuellen überlassen wird, wenn dem jugendlichen „Existenzbastler" Hilfen gegeben werden, um seine Wahlbiographie zu gewinnen."

Die postmodernen Entflechtungs- und Entritualisierungstendenzen stellen Schüler/innen vor die Aufgabe, „eigenes Leben" (Beck) zu gewinnen angesichts der vielfältigen, riskanten Freiheiten. Hier kann Pädagogikunterricht fachspezifische Angebote machen, die keinem Schüler vorenthalten werden dürfen.

Beyer ist deshalb zuzustimmen: „Unsere Gesellschaft benötigt dringend einen in allen Schulen der Sekundarstufe I obligatorischen Pädagogikunterricht, in dem pädagogische Kompetenz vermittelt wird, weil dem Anrecht eines jeden Menschen auf die optimale Entfaltung seiner Persönlichkeit ohne eine möglichst qualifizierte Erziehungspraxis nicht Rechnung getragen wird."

Pädagogikunterricht vermittelt notwendige, allgemein bildende Inhalte, weil die Erziehungsaufgabe als gesellschaftliche Grundaufgabe im 21. Jahrhundert nicht mehr ohne pädagogisches Fachwissen zu bewältigen ist. Dass nicht nur professionelle Erzieher und Angehörige dienstleistender Berufsgruppen ein Anrecht auf pädagogische Grundbildung haben, sondern auch künftige Väter und Mütter, hat seine Begründung in der kulturtragenden Bedeutung paideutischer Allgemeinbildung, denn Pädagogikunterricht schafft Humankompetenz. Persönlichkeitsfördernde personale und soziale Kompetenzen werden in einer medienorientierten Dienstleistungsgesellschaft in nahezu allen gesellschaftlichen Bereichen (Berufswelt, Familie, Freizeit, Ehrenamt, etc.) zwingend gefordert.

Pädagogikunterricht leistet das in vorbildlicher Weise, was die Kultusminister aller Länder zur Konstante guten Unterrichts gemacht haben:

Den Schülerinnen und Schülern
1. Hilfen anzubieten zur ihrer persönlichen Entfaltung in sozialer Verantwortlichkeit und
2. Anleitung zur deren wissenschaftspropädeutischer Ausbildung zu geben.

Zit. nach: https://www.vdp.org/stellungnahmen/p%C3%A4dagogikunterricht-ein-notwendiges-teilprojekt-der-moderne/

4.   Die Struktur des *Schulfaches* Pädagogik – zur didaktischen Differenz zwischen Pädagogik als Wissenschaft und Pädagogik als Schulfach

Da die Mannigfaltigkeit pädagogischen Handelns unübersehbar ist und immer neu gestaltet werden kann, ist dem *Erwerb des handlungsleitenden Grundgedankens* der Vorzug gegenüber der Einübung in *einzelne* Handlungsfelder zu geben. Von daher kann Pädagogikunterricht wohl handlungs*ermöglichend*, nie aber handlungs*bestimmend* sein, da kein Modell der Gegenwart Handlungbedarfe und Handlungsformen der Zukunft vorhersagen kann und damit die Zukunft aus der Gegenwart heraus normativ festlegen darf. (Vor der „Erfindung" der Reformpädagogik konnte man in den bestehenden Institutionen keine reformpädagogischen *Kompetenzen* herausbilden – die Reformpädagogik hatte aber gerade (z. B. in der Montessori-Pädagogik[97]) ausdrücklich eine *neue* Rollenbestimmung des Lehrenden (also neue Ideen, neue Praktiken) eingefordert. Bildete man zu (notwendigerweise an *gegenwärtiger* Praxis orientierten) Kompetenzen aus, würde nie jemand Pädagogik neu denken können. Es gäbe keine Innovationen.)

Statt zu lernen wie man Säuglinge pflegt und fördert, wie man in der Kleinkindererziehung, in der Schule, im Beruf oder im Alter pädagogisch agiert, ist es zielführend, das *Grundprinzip pädagogischen Handelns zu lehren* (nämlich: wie man agieren *soll*) und es an solchen Handlungsfeldern zu reflektieren, die in Bezug auf das Prinzip hilfreich oder problematisch erscheinen. (Dies ist ein didaktisches, kein methodisches Argument.)

Zugleich aber ist es weder der Wissenschaft noch der Schule derzeit möglich, ein zeitloses und von der Zivilgesellschaft oder der Wissenschaftsgemeinschaft völlig anerkanntes System „der Pädagogik" zu erstellen. Jede Geltungsbegründung unterliegt ihrer geschichtlichen Bedingtheit und kann sich nur geschichtlich entfalten. Daher kann diese systematische Ordnung, die nicht einer willkürlich herausgegriffenen Systematik *eines* zufällig aktuellen Textes unterworfen werden sollte, *nur in der historischen Entfaltung von Problemen oder Antworten* gestaltet werden, einer Dopplung, die man gemeinhin *historisch-systematisch* nennt. Damit ist gemeint, dass man der Begrenztheit der eigenen – auch curricularen – Ordnung dadurch zu entgehen

---

97   Vgl. Montessori, Maria: Die neue Lehrerin. In: Dies.: Das Kind in der Familie. Hg., eingel., komment. u. textkritisch bearb. von Franz Hammerer und Harald Ludwig. Freiburg, Basel, Wien 2011. (= Maria Montessori: Gesammelte Werke. Hg. v. Harald Ludwig (...) Bd. VII.) S. 99–106. [Da die Einzelsituationen (und die Zukunft) nicht zu antizipieren sind, will Montessori nur „an einige Grundsätze erinnern" (S. 103).]

sucht, *dass die Systematik durch eine geschichtliche Entfaltung von Beispielen konterkariert wird.*

Diese Grundregel betrifft auch die grundgelegte Ordnung selbst. Denn auch die Frage, was Pädagogik ist, muss zwar als zu klärende vorausgesetzt, kann aber endgültig nicht entschieden werden. Sie kann daher nur problematisierend reflektiert werden. Die *historische* Dimensionierung dient dabei weder des Aufweises einer *defizitären* Vorgeschichte, noch dem *legitimatorischen* Rückgriff auf Vorläufer der Gegenwart, sondern soll aufzeigen, dass pädagogisches Wissen und Können (auch und selbstverständlich das der Gegenwart) trotz seines Geltungsanspruchs *immer* geschichtlich verhaftet bleibt und daher erweitert werden kann. *Die Geschichte der Pädagogik ist reichhaltiger als jedes vorhandene System der Pädagogik. Aber zugleich ist ein System der Pädagogik notwendig, um überhaupt die Geschichte der Pädagogik wahrzunehmen. Jedes pädagogische Denken und Handeln setzt einen Begriff dessen voraus, was denn „pädagogisch" ist.*

Da alles Wissen und Können verbessert werden kann und die Zukunft unbekannt ist, da die Zukunft zudem erst noch nach dem Willen der künftigen Generation gestaltet werden soll, muss alles Wissen und Können so gelehrt werden, dass es verbessert werden kann.

Aus den Überlegungen lässt sich folgende Strukturierung des Schulfaches entwerfen, die eine einführende Unterrichtung, die ausschließlich aus einheimischen Begriffen abgeleitet wird, ermöglicht:

	systematisch	historisch
Pädagogik		
Bildung		
Unterricht		
Erziehung		
Fürsorge		
Disziplinierung		
Umgang		

Hieraus lässt sich ein Konzept entwickeln, das auf jedes sich stellende Thema angewendet werden kann.

- Zum Beispiel wäre zu fragen, warum Aristoteles pädagogische Themen in einem Buch abhandelt, das traditionellerweise „Politik" genannt wird (und nicht in seiner *Rhetorik*), Quintillian (35–96) hingegen pädagogische Themen in der Rhetorik; Platon qualifiziert nun wiederum die Rhetorik als unpädagogisch; daraus entsteht die systematische Frage, ob Pädagogik eine Theorie der Vermittlungstechniken oder eine Theorie der Bildung ist, die die Frage der Vermittlung als Frage der Aneignung auffasst.

– Zum Beispiel wäre zu fragen, warum die Moderne einen eigenen Bereich der „Pädagogik" aus den genannten Wissenschaften ablöst – der der individuellen Bildung das Vorrecht vor der öffentlichen Integration einräumt (z. B. Herbart[98]), die Pädagogik nicht als Teilgebiet der Rhetorik, wohl aber die Rhetorik als Teilgebiet der Pädagogik betrachtet[99] oder die Politik als der Pädagogik nebengeordnet[100]? Geschichte und Systeme der Pädagogik sind ganz offensichtlich nicht bruchlos ineinander zu überführen, so dass beide Frageweisen (die historische und die systematische) nicht nur berechtigt, sondern gleich notwendig sind.

– Zum Beispiel wäre die Umwandlung des *Jugendstrafrechts* in ein *Erziehungsstrafrecht* ein Thema, an dem sich Fürsorge und Disziplinierung unter dem Aspekt der Geschichtlichkeit des pädagogischen Denkens reflektieren und systematisch ordnen ließen.

– Zum Beispiel ließen sich die Schriften eines pädagogischen Klassikers zu einem System ordnen, dessen Leerstellen systematisch benannt würden.[101]

– Zum Beispiel ließe sich an der Unterscheidung von Aristoteles, der für Sklaven eine Ausbildung vorsah, für ihre Besitzer aber Bildung,[102] das ak-

---

98 Vgl. die historischen und aktuellen Argumente für die Vorteile der Privaterziehung in: Fischer, Ralph; Ladenthin, Volker (Hg.): Homeschooling – Tradition und Perspektive. Würzburg 2006.

99 Koch, Lutz: Pädagogik und Rhetorik. Würzburg 2004.

100 Benner; Dietrich: Ist Staatspädagogik möglich? Erziehungswissenschaft in SBZ und DDR zwischen affirmativer Staatspädagogik und reflektierender Pädagogik. In: Benner, Dietrich; Schriewer, Jürgen; Tenorth, Heinz-Elmar (Hg.): Erziehungsstaaten. Historisch-vergleichende Analysen ihrer Denktraditionen und nationalen Gestalten. Weinheim 1998. S. 195–224.

101 Vgl. Mikhail, Thomas: Kant als Pädagoge. Einführung mit zentralen Texten. / Schützenmeister, Jörn; Ladenthin, Volker (Hg.): Rousseau als Klassiker für die pädagogische Bildung. Ein Lehrbuch für den Pädagogikunterricht und für das pädagogische Studium. Baltmannsweiler 2015/ Johann Friedrich Herbart: Systematische Pädagogik. Hg. v. Dietrich Benner.

102 „Doch gibt es allerdings auch eine Wissenschaft des Herrn und eine des Sklaven. Eine solche Wissenschaft, wie sie für einen Sklaven dienlich ist, trug wirklich einmal in Syrakus einer vor, indem er gegen Lohn die Sklaven in ihren gewöhnlichen Dienstleistungen unterrichtete. Der Unterricht in diesen Dingen lässt sich noch weiter ausdehnen, wie z.B: auf die Kochkunst und andere solche Arten des Dienstes, denn gewisse Vorrichtungen zeichnen sich vor den an-

tuelle Problem beruflicher Bildung reflektieren: Zielt berufliche Bildung auf Employability oder auf Bildung? Was setzt die jeweilige Konzeption voraus? Dies wäre ein historischer Zugang zu einem aktuellen und systematischen Problem.

deren durch größere Schätzbarkeit aus, während diese dafür wieder die größere Unentbehrlichkeit voraushaben […]. Kenntnisse nun also in diesen Dingen bilden das Wissen eines Sklaven; die Wissenschaft des Herrn aber besteht darin, dass er die Sklaven zu gebrauchen versteht." Aristoteles: Politik. S. 19. (= 1255b).

5. Inhalte des Schulfaches Pädagogik

Wie gelangt man nun an Inhalte des Schulfaches Pädagogik? Ohne in diesem Zusammenhang das Forschungsdesiderat und die umfassende Diskussion um den Lehrplan und den Lösungsversuch der Kompetenzorientierung aufnehmen zu können,[103] möchte ich folgende Überlegungen vorstellen, die einen Mindestanspruch formulieren.[104]

5.1 Die schultheoretische Begründung des Lehrplans zu Beginn der Herausbildung moderner Gesellschaften in der „Sattelzeit"

Im 18. Jahrhundert setzte sich die Entwicklung europäischer Gesellschaften zu Staaten mit bürgerlichen Freiheiten, einer liberalen Wirtschaftsordnung und intendiert demokratischen Verfassungen durch. Diese Periode des Übergangs von ständischen zu bürgerlichen Gesellschaften wird gemeinhin als Sattelzeit bezeichnet.[105] Er bedeutete im Bereich der Pädagogik den (fast zweihundert Jahre zuvor von Martin Luther (1483–1546) geforderten) Übergang von einem lebensweltlich integrativen Bildungssystem (Modell 1 und 2) zu einem expliziten Bildungssystem (Modell 3). War die Schule bis zur Sattelzeit additiv, partikulär und wenigen Gesellschaftsschichten vorbehalten, so soll sie nun fundamental, allumfassend-öffentlich und für alle verpflichtend werden. In diesem Sinne schreibt die Schultheorie der Sattelzeit der allgemeinbildenden und verpflichtenden Schule die Aufgabe zu, das Bedeutsame zu thematisieren, das die Schülerinnen und Schüler „sonst gar nicht oder nicht so leicht oder nicht so richtig gelernt hätte(n)."[106] Daraus erhellt, dass die genauen Bedarfe eines Lehrplans abhängig sind von einer Beurteilung jenes Wissens und Könnens, das gesellschaftlich nicht mehr weitergegeben wird.

---

103 Scholl, Daniel: Sind die traditionellen Lehrpläne überflüssig? Zur lehrplantheoretischen Problematik von Bildungsstandards und Kernlehrplänen. Wiesbaden 2009.
104 Vgl. den Vorschlag für eine Grundstruktur: Ladenthin, Volker: Lernen-Lehrplan-Lehre. Zur Rekonstruktion pädagogischer Grundbegriffe. In: Vierteljahrsschrift für wissenschaftliche Pädagogik 88 (2012) H. 1. S. 14–29.
105 Vgl. Koselleck, Reinhart: Einleitung. In: Brunner, Otto; Conze, Werner; Koselleck, Reinhart (Hg.): Geschichtliche Grundbegriffe, Bd. I. Stuttgart 1979. S. XV.
106 Sailer, Johann Michael: Über Erziehung für Erzieher (1831). Hg. v. E. Schoelen. Paderborn 1962. S. 52 (= Kap. 9).

Die Inhalte der pädagogischen Rationalitätsform können seitdem nicht mehr unmittelbar aus Lebensvollzügen abgeleitet werden.

Die Gründe hierfür liegen im Übergang der geschlossenen Gesellschaften zu sich öffnenden Gesellschaften (der epochale Wechsel in der sogenannten „Sattelzeit"). Pädagogisches Wissen und Können kann daher seitdem nicht mehr aus der Lektüre kanonisierter Autoren oder einer tradierten Berufspraxis abgeleitet und in Zielnormen oder Erziehungsrezepten formuliert werden. Vielmehr muss es so gelehrt und gelernt werden, dass es auch unter dem rasanten Wechsel der gesellschaftlichen Zustände bedeutsam bleibt.

Als Konzept zur Bewältigung dieser Eigenheit hatte Jean-Jacques Rousseau für die Lehre der Pädagogik festgestellt, dass es keine Lehre von Handlungsanweisungen geben könne, da die Umstände des Handelns zu vielfältig sind:

„Es kann sich da [aber, V.L.] um zufällige Umstände handeln, die folglich für die Sache selbst unwesentlich sind und sich bis ins Unendliche variieren lassen. So läßt sich diese Erziehung in der Schweiz durchführen, aber nicht in Frankreich; jene mag für die Bürgerschaft richtig sein, eine andere wieder für die Vornehmen. Die mehr oder weniger große Leichtigkeit der Erziehung hängt von tausenderlei Umständen ab, die unmöglich anders zu bestimmen ist als durch eine individuelle Anwendung der Methode auf dieses oder jenes Land, auf diese oder jene Verhältnisse. Da aber alle diese verschiedenen Anwendungsmethoden für mein Thema unwesentlich sind, sind sie in meinem Plan nicht inbegriffen."[107]

Da sich unmöglich alle (oder auch nur wesentliche) „Anwendungen" erheben oder ordnen ließen, verzichtete Rousseau auf eine Beschreibung möglicher „Anwendungen" und erstellte stattdessen „Methoden" (es sind „regulative Ideen" gemeint, die „Grundideen"), die in jeder Situation beachtet werden müssen:

„Meine Beispiele, die vielleicht für ein Individuum richtig sind, werden für tausend andere falsch sein. Wenn man ihre *Grundidee* begreift, kann man sie aber *je nach Bedarf* variieren; die Auswahl hängt vom Studium der individuellen *Begabung* ab, und dieses Studium von den *Gelegenheiten*"[108].

---

107 Rousseau: Emile oder über die Erziehung. S. 104.
108 Ebd. S. 404. [Hervorheb. v. mir, V. L.]

Rousseau bestimmte angesichts einer sich stetig wandelnden Gesellschaft drei feste Bezugspunkte für die zu lehrenden Inhalte der Pädagogik: *(1) Die Grundideen, (2) die Begabungen und (3) die Gelegenheiten.*

(1) Die Grundideen: Die Inhalte eines modernen Lehrplans können *letztendlich* nicht von möglichen Anwendungen aus erhoben werden. Daher ist es sinnvoll, die *grundlegenden Prinzipien zum Unterrichtsgegenstand* zu machen, die es anschließend ermöglichen, jeden denkbaren und bisher ungedachten Anwendungsfall zu *regulieren*. Die Themen des Unterrichts haben hier einerseits Beispielcharakter („Gelegenheiten"); sie *dienen* der Erarbeitung von Prinzipien eines Faches. Andererseits sind sie nicht nur illustrierendes „Exempel", sondern erschließendes Beispiel. Sie enthalten mehr Bedeutung, als nur „Beleg" zu sein. Die Inhalte des Faches Pädagogik sind demnach stets „historisch-systematisch" anzugehen.

Die lebensweltliche Anwendung („Handeln") erfolgt nicht als Transfer von Lerninhalten („Kompetenzen") auf Situationen, die genau diese Kompetenzen verlangen. Sondern die Anwendung erfolgt als selbständiges, situationsspezifisches Handeln im Hinblick auf die regulativen Ideen der Rationalitäts- und Handlungsform.

Das Ziel des Pädagogikunterrichts ist also pädagogische Urteilskraft.

(Ob man „Urteilskraft" (in Überdehnung der Begriffstradition) als „Kompetenz" bezeichnet, ist so lange unerheblich, wie deutlich ist, dass hiermit keine Anwendung (des Gelernten), sondern ein Reflexionsverhältnis angesichts des Gelernten gemeint ist.)

Im Pädagogikunterricht lernen die Mädchen nicht die Kompetenz, ein Kind zu pflegen und die Jungen die Kompetenz, hierzu Literatur auszuwerten, sondern Jungen und Mädchen lernen z. B. gemeinsam abzuwägen,

- welche Tätigkeit b*ei der pädagogischen Sorge um die nächste Generation* (= Fürsorge) von leiblichen und von nicht-leiblichen Personen durchgeführt werden muss/sollte,
- welche pädagogischen Bezüge sich im unmittelbaren Umgang und
- welche in institutioneller Organisation ergeben,
- welche Argumente in der Geschichte für und welche gegen z. B. Ammenwesen genannt worden sind.

Dies ist *ausschließlich* ein Reflexionsverhältnis, das es ermöglicht, in der Lebenspraxis die je eigene Situation verantwortungsvoll, d.h. im Hinblick auf pädagogische regulative Ideen anzugehen.

Alle Inhalte müssen *unter den Bedingungen der Moderne* thematisiert werden. Nicht nur die Inhalte, sondern auch *die Art der Thematisierung* muss die Schule vom Leben unterscheiden. Dabei gilt es, einen wichtigen Unterschied zwischen *vormodernem* und *modernem* Wissen (und Können) zu beachten. Vormodernes Wissen galt, weil es von Autoritäten überliefert wurde (vgl. die „septem artes liberales"[109]). Modernes *Wissen* gilt nicht, weil es überliefert ist, sondern nur, weil es jederzeit wieder und von jedem hervorzubringen ist. Lehrer wie Schüler sind auf etwas Gemeinsames verpflichtet – nämlich auf die Methoden der Wahrheitsfindung, die in der Moderne jene der Wissenschaften sind. Lernen heißt daher Prüfen von Wahrheitsansprüchen.[110]

(2) Die Begabungen: Zusätzlich zu dieser *Begründung von regulativen Ideen einer Rationalitätsform* ist für die Auswahl von Inhalten der Bezug auf die Besonderheit der jeweiligen Lerngruppe (Rousseau nennt dies „Begabung"): Damit ist gemeint, dass pädagogische Fragen mit Kindern in der Vorschulerziehung anders thematisiert werden müssen als mit Oberstufenschülern, obwohl sie sich auf die gleichen regulativen Ideen beziehen.

---

109 Dolch, Josef: Lehrplan des Abendlandes. Zweieinhalb Jahrtausende seiner Geschichte. Ratingen 1959. (2. Auflage 1966; 3. Auflage 1971).

110 Vgl. Ladenthin, Volker: Lernen heißt die Welt denken. Überlegungen zu einem pädagogischen Grundbegriff. In: PädagogikUnterricht 26 (2006) H. 1. S. 10–20.

111 Michel Foucault: Überwachen und Strafen. Die Geburt des Gefängnisses. Frankfurt/M. 2008 (9. Aufl.). S. 230.

So kann man im Kindergarten mit Kindern besprechen, dass der gemeinsame Küchendienst aller Kinder seine Aufgabe nicht bewältigen kann, wenn ein Kind sich noch die Hände wäscht, während das andere schon isst, das nächste aber den Tisch abräumt und sauber wischt, ein weiteres bereits spült und ein letztes die Zähne am Spülbecken reinigt. Daraus könnte nach und nach die Idee einer verabredeten Gemeinschaftlichkeit des Vorbereitens, Essens und Entsorgens entstehen, der sich jeder verpflichtet fühlt. Die Kindergartenkinder lernen den Begriff der institutionellen Disziplin und eine lebensweltliche Begründung.

Im Oberstufenunterricht würde man Michel Foucaults Theorie der Disziplinierung des Alltags besprechen, nach der es eine mittels Strafe durchgesetzte totale Disziplinierung der *„Zeit* (Verspätungen, Abwesenheiten, Unterbrechungen), der *Tätigkeit* (Unaufmerksamkeit, Nachlässigkeit, Faulheit), des *Körpers* (‚falsche‘ Körperhaltungen und Gesten, Unsauberkeit), der *Sexualität* (Unanständigkeit, Schamlosigkeit)"[111] gebe und erörtern, inwiefern Disziplin *nur* als Verfehlung menschlichen Handelns verstanden werden kann. Dabei könnten die Erfahrungen aus Kindergartentagen Bedeutung haben für die spätere theoretische Reflexion.

In beiden Fällen aber würden mit „Institutionalisierung" und „Disziplinierung" die jeweils gleichen pädagogischen Ideen behandelt, die allerdings zu völlig unterschiedlichen Lehrinhalten führen können.

Hier wäre zu fragen, ob sich eine „Entwicklung pädagogischer Vernunft" analog zur allgemeinen Entwicklung (nach Piaget) oder der Entwicklung moralischer Urteilsfähigkeit (nach Kohlberg) oder der sozialen Verantwortungsübernahme (Robert L. Selman[112]) beschreiben ließe, um die Stoffauswahl im Hinblick auf die Adressaten wissenschaftsfundiert zu begründen.

(3) Die Gelegenheiten: Dass „Stillen" und „Kindergarten" schulische Themen für die Reflexion der pädagogischen regulativen Ideen der *Fürsorge* und der *Disziplin* unter Geltungsanspruch sind, ist nun weder *allein* der Ordnung der Bezugswissenschaft Pädagogik geschuldet, noch *nur* dem Lebensalter oder dem Geschlecht der Lernenden. Es ergibt sich vielmehr *auch* daraus, dass beide Themen in der derzeitigen öffentlichen Diskussion, in der Politik[113]

---

112 Selman, Robert L.: Die Entwicklung des sozialen Verstehens. Entwicklungspsychologische und klinische Untersuchungen. Frankfurt/M. 1984.

113 Vgl. etwa die staatlichen Empfehlungen zum Stillen: Stillen und Muttermilchernährung. Grundlagen, Erfahrungen und Empfehlungen. Publikation der Bundeszentrale für gesundheitliche Aufklärung, (=http://digitool.hbz-nrw.de:1801/webclient/StreamGate?folder_id=0&dvs=1455610562521~762).

und Ökonomie und in den Familien und Lebensgemeinschaften einen hohen Stellenwert haben. Die Gesellschaft als eine Determinante des Lehrplans[114] erscheint in ihren großen Institutionen, aber auch in den Herausforderungen des derzeitigen Arbeitsmarktes, in den aktuellen Debatten und nahen sowie fernen Herausforderungen.

Berücksichtigt man diese drei Bezugskriterien Rousseaus (*(1) Die Grundideen des Faches, (2) die spezifischen Eigenheiten der Adressaten und (3) die aktuellen Gelegenheiten*), so lassen sich seine Kategorien folgendermaßen in den modernen Sprachgebrauch übersetzen: Ein Lehrplan muss an „Wissenschaft, Adressaten und Gesellschaft" orientiert sein, damit gewährleistet ist, dass das Schulfach nicht als Abbildung des Universitätsfaches gestaltet („Abbilddidaktik") und nicht als Anleitung zum Handeln („Handlungsorientierung") verkürzt wird. *Die Inhalte der pädagogischen Rationalitätsform können seitdem nicht mehr unmittelbar aus Lebensvollzügen abgeleitet werden, sondern richten sich (1) an der regulativen Idee des Praxisfeldes und ihrer wissenschaftlichen Bearbeitung, (2) den Interessen der Adressaten und (3) den sozialen Verhältnissen so aus, dass eine einzelne Anforderung die anderen nicht reguliert, gleichwohl aber doch auf sie bezogen bleibt.*

5.2 Bezugspunkte für die Bestimmung von Inhalten eines Faches

5.2.1 Wissenschaftsbezug (*die regulativen Ideen des Praxisfeldes*)

Das Bemühen um Wahrheit („Erkennen") ist in der Moderne zumeist gebunden an Wissenschaft. Wissenschaftliches Erkennen erfolgt nach Regeln, die Methoden genannt werden. Jede Wissenschaft hat ihre *spezifischen Methoden*. Jede Wissenschaft ist durch Erkenntnisziel und Erkenntnismethoden definiert („Proprium"). Die Methode konstituiert den Erkenntnisgegenstand unter der konstitutiven Idee des Fachs. Methode und Erkenntnisgegenstand sind daher unlösbar verbunden.

---

114 Weniger, Erich: Didaktik als Bildungslehre, Teil I: Theorie der Bildungsinhalte und des Lehrplans. 6./8. Aufl. Weinheim 1965.

Beispiel:

So könnten Eltern auf dem Elternabend etwa nach der „Anzahl von Ausländern in der Klasse" fragen, um aus den Angaben hierzu auf Schwierigkeiten im Sprachunterricht zu schließen.

Der Pädagogikunterricht könnte sich dieser lebensweltlichen Frage annehmen. Dabei würde sich zeigen, dass diese Alltags-Frage aus erziehungswissenschaftlicher Sicht gewissenhaft nur beantwortet werden kann, wenn man vorab den Begriff „Ausländer" definiert und dann gemäß dieser Definition in den Lerngruppen zählt.

So mag es sich herausstellen, dass Kinder in unterschiedlichen Rechtsverhältnissen (Einbürgerung, Anerkennung als Asylsuchende, befristetes oder dauerhaftes Bleiberecht usw.) leben, so dass deutlich wird, dass *die alltägliche Frage gerade nicht mit Alltagswissen beantwortet werden kann.* Erst nach einer methodischen Vorentscheidung – nämlich, welche Kinder mit welchem Rechtsverhältnis denn überhaupt gezählt werden *sollen* und wie man diese Kinder angemessen bezeichnet – könnten Zahlen genannt werden.

Eine völlig andere – und für den Fragenden vielleicht aufschlussreichere – Beantwortung würde sich zudem ergeben, wenn man zur Zählung das Kriterium der Sprachfähigkeit anlegte, denn auch Kinder ohne Migrationshintergrund können erhebliche Probleme mit der in der Schule benutzten Bildungssprache haben, sowie Kinder mit unbefristetem Bleiberecht („Migranten der vierten Generation" ohne deutsche Staatsbürgerschaft) nicht zwingend Probleme mit der deutschen Sprache haben müssen.

Die lebensweltliche Frage nach der „Anzahl von Ausländern im Unterricht" erweist sich unter erziehungswissenschaftlichem Aspekt in dieser Formulierung als falsch gestellt und kann erst dann sinnvoll aufgenommen werden, wenn Klarheit über die Methoden zur Beantwortung hergestellt wurde.

Der Begriff des Wissens in der Moderne ist *immer schon* fachmethodisch gedacht. Modernes Wissen ist daher immer nur möglich als *Produkt einer methodisch geleiteten (in einem Wissenschaftsfach verankerten) Denkbewegung.* Dies ist seit Kants Erkenntniskritik ein Gemeinplatz: Die modernen Wissenschaftler „begriffen, daß die Vernunft nur das einsieht, was sie selbst nach ihrem Entwurfe hervorbringt, daß sie mit Prinzipien ihrer Urteile nach beständigen Gesetzen vorangehen und die Natur nötigen müsse auf ihre Fra-

gen zu antworten".[115] In diesem Sinn *kann* es keinen pädagogisch zu recht-
fertigenden Unterricht ohne Wissenschaftsbezug geben. Es kann daher unter
pädagogischem Anspruch nur gelehrt werden,
1) was der Wissenschaft nicht widerspricht,
2) was analog zur Wissenschaft erarbeitet wird oder
3) was bereits Vorbereitung für Wissenschaft ist (Propädeutik).

Schulunterricht lehrt, die Welt fachmethodisch erkunden, denken und gestalten zu können. Pädagogikunterricht lehrt, die Welt pädagogisch erkunden, denken und gestalten zu können. Lehren heißt (methodische) Anleitung zum fachmethodischen Bearbeiten von Welt. Lernen und Erkennen
sind an dieser Stelle identisch.

Umgekehrt kann aber eine Fachwissenschaft nicht unmittelbar und allein
Muster für die Auswahl und Anordnung von Inhalten im Fachunterricht
sein.[116] Sind *wissenschaftliche Inhalte* (Forschung) der Idee der Wahrheit
verpflichtet (heute – wie die Wissenschaftssoziologie lehrt – zusätzlich den
wissenschaftsexternen Forschungsaufträgen[117]) und daher bei der Thematisierung sachlogisch (oder publizistisch[118]) angeordnet, so ist das *Ziel der
Schule* die Bildung der Schülerinnen und Schüler, also deren Befähigung,
sachlich und sittlich angemessen zu handeln (und nicht nur Sachverhalte
zu „erkennen" oder im Hinblick auf außerschulische Interessen arbeitend
zu lernen). In der Fachsprache nennt man (im Anschluss an Josef Derbolav
(1912–1987)) diesen Unterschied zwischen den Aufgaben von Wissenschaft

---

115 Kant, Immanuel: Kritik der reinen Vernunft. (Vorrede zur zweiten Auflage). In:
    Immanuel Kant. Werke in zehn Bänden, hg. v. W. Weischeidel. Bd. III. Darm-
    stadt 1983. S. 23f. (=B XIIIf).
116 Vgl. Schilmöller, Reinhard: Wissenschaftsorientierter Unterricht — ein Weg zur
    Bildung? In: Vierteljahrsschrift für wissenschaftliche Pädagogik 80 (1995), H. 1.
    S. 32–54.
117 Vgl. Habermas, Jürgen: Erkenntnis und Interesse. In: Ders.: Technik und Wis-
    senschaft als ‚Ideologie'. Frankfurt/M. 1973. (6. Aufl.) S. 146–167.
118 Rekus, Jürgen: Was heißt Wissenschaftskommunikation? Oder: Aus welchem
    Grund sollen sich Wissenschaftler überhaupt mitteilen? In: Krämer, H./Kunze,
    A. B./Kuypers, H. (Hg.): Beruf: Hochschullehrer. Ansprüche, Erfahrungen, Per-
    spektiven. Paderborn 2013. S. 85–96.

und den Aufgaben von Bildung[119] die „Didaktische Differenz"[120]: „Der Bildungsweg des Kindes ist also der Weg seiner ‚Selbstverwirklichung', die zu ermöglichen und von der ‚Weltbegegnung' her ‚einzulenken' die verantwortliche Aufgabe des Erziehers darstellt."[121] Nicht „Wahrheit" (oder „Erkennen") ist *letzter* Bezugspunkt für den Bildungsauftrag der Schule (auch nicht Berufsbezogenheit: „employability"), sondern Bedeutsamkeit – also Bildung.

So wäre etwa die Erforschung des altchinesischen Erziehungssystems eine mögliche Forschungsaufgabe für die historische Erziehungswissenschaft, die sogar in einem allgemeinen Handbuch der Erziehungswissenschaft als Übersicht dargestellt wurde[122]. Ist es aber angesichts der begrenzten Zeitressourcen von Pädagogikunterricht nicht *bedeutsamer*, Wesentliches über den heutigen Umgang der älteren Generation mit ihren Kindern zu erfahren, also etwa die These zu überprüfen, dass im heutigen Deutschland skandalös viele Kinder misshandelt werden? „Jeden Tag werden in Deutschland mehr als 500 Kinder von Erwachsenen aus ihrem familiären

---

119 Zum differenten Verhältnis von Wissenschaft und Bildung gibt es eine reichhaltige Diskussion, vgl. etwa Benner, Dietrich: Allgemeine Pädagogik. Eine systematisch-problemgeschichtliche Einführung in die Grundstruktur pädagogischen Denkens und Handelns. Weinheim/München 1987. (Sechste, überarbeitete Auflage 2010). S. 248–276. Weitere Angaben bei Schilmöller: Wissenschaftsorientierter Unterricht.

120 Derbolav „zeigt (…) auf, dass zwischen der wissenschaftlichen Vergegenständlichung der Welt und der Sinnbestimmung von Bildung eine durchgängige ‚didaktische Differenz' besteht, die nicht – wie bei Litt – bereits dadurch überbrückt wird, dass der Heranwachsende in philosophischer Besinnung die Grenzen wissenschaftlichen Erkennens gegenüber dem Umgang ‚durchschaut' und zugleich diese Begrenztheit für sich anerkennt, sondern die nur dadurch dialektisch überwunden werden kann, dass der Heranwachsende in einer periagogē (Platon) bzw. in einer ‚doppelten und bestimmten Negation' (Hegel) die Vergegenständlichung des bloßen Wissens zurücknimmt und sich bewusst den praktischen ‚Ansprüchen der Wirklichkeit' stellt." Schmied-Kowarzik, Wolfdietrich: Das dialektische Verhältnis von Theorie und Praxis in der Pädagogik. Kassel 2008. S. 100.

121 Derbolav, Josef: Das Selbstverständnis der Erziehungswissenschaft. In: Oppolzer, Siegfried (Hg.): Denkformen und Forschungsmethoden der Erziehungswissenschaft. Bd. I. München 1969. S. 121.

122 Aufhauser, Johann Baptist: Erziehung und Unterricht in fernöstlichen Kulturen. In: Handbuch der Erziehungswissenschaft. Hg. im Auftrag des Deutschen Instituts für wissenschaftliche Pädagogik (Münster) v. Franz X. Eggersdorfer, Max Ettlinger, Georg Raederscheidt, Josef Schröteler. Teil V. Bd I Die Pädagogik der Nichtchristlichen Kulturvölker. Hg. v. Josef Schröteler. München 1934. S. 101–142.

Umfeld misshandelt. Fast jeden Tag wird ein Kind durch körperliche Gewalt getötet. Und erschreckend hoch ist die Zahl der Opfer, die später selbst zu Tätern werden. Michael Tsokos und Saskia Guddat schildern aus ihrer rechtsmedizinischen Praxis die dramatischen Gewalterfahrungen von Kindern in ihren Familien. Und sie unterbreiten Vorschläge, wie das deutsche Kinder- und Jugendschutzsystem verbessert werden kann, um das gesetzlich verankerte Recht der Kinder auf gewaltfreie Erziehung zu sichern. Vor allem aber fordern sie beherztes Einschreiten gegen Kindesmisshandler – und gegen all jene, die die alltägliche Misshandlung von Kindern durch Wegschauen, Verharmlosen und Tabuisieren begünstigen."[123]

Ein schulischer Lehrplan muss daher Bezug zur Wissenschaft (hier der Pädagogik/Erziehungswissenschaft/Bildungswissenschaft) haben; er kann aber nicht als Abbild dieser Wissenschaft gestaltet werden. Als sprachliche Formulierung bietet sich an, schulischen Unterricht als „wissenschaftsanalog" zu bezeichnen.[124] Damit ist gemeint, dass sich *schulischer Unterricht der Wissenschaft unter der Perspektive von Bildung versichert*. D.h., dass schulischer Unterricht nichts lehrt, was wissenschaftlich als falsch gilt („gelegentlich ein Klapps hat noch nie geschadet"), dass schulischer Unterricht wissenschaftliche Methoden benutzt (Textanalyse, empirische Untersuchungen, Statistiken erstellen und auswerten) und dass schulischer Unterricht wissenschaftliche Sachverhalte darstellt („Bildungsgerechtigkeit als Problem demokratischer Gesellschaften") oder propädeutisch arbeitet („Erstellen eines Handlungsprotokolls").

---

123 Text der Buchanzeige zu: Tsokos, Michael; Guddat, Saskia: Deutschland misshandelt seine Kinder. München 2014. Vgl. dazu die Rezension: Elisabeth Helming. Rezension vom 07.03.2014 In: socialnet Rezensionen. (= https://www.socialnet.de/rezensionen/16406.php) Datum des Zugriffs 15.08.2017.

124 Vgl. Ladenthin, Volker: Wissenschafts- und erfahrungsanaloger Unterricht. In: Regenbrecht, Aloysius; Pöppel, Karl Gerhard (Hg.): Erfahrung und schulisches Lernen. Münster 1995 (= Münstersche Gespräche zu Themen der wissenschaftlichen Pädagogik H. 12). S. 15–29.

Daraus ergeben sich Konsequenzen für die Lehrplangestaltung:[125]

1. Wissen und Können müssen immer in ihrer methodischen Genese gelernt werden. Damit ist gemeint, dass der je *fachmethodische* Zugang zum Wissen und Können benannt und gewählt wird. Pädagogische Sachverhalte sind also stets im Modus ihrer Begründung zu lehren. Hierzu sind die spezifisch fachwissenschaftlichen Methoden und Denkoperationen zu zählen (methodische Bestimmtheit).

2. Wissen und Können müssen immer in der *Systematik* des Faches, hier der Pädagogik, verortet werden. Die Wissensinhalte und das Können stehen in einem sachsystematischen Zusammenhang, aus dem heraus sich überhaupt erst ihre fachinterne Bedeutung erhellt. Dazu gehört, dass alles vorhandene Wissen und Können immer als erweiterungs- und ergänzungsbedürftig verstanden wird (systematische Offenheit).

3. Wissen und Können müssen in Bezug zu ihren sozialen Entstehungs- und Verwendungs*bedingtheiten* betrachtet werden. Ihre Bedeutsamkeit über das Fach hinaus und für die Bildung des Menschen zeigt sich erst, wenn die Umstände, Anlässe, Interessen oder Gründe betrachtet werden, die mit dem zu lernenden Wissen und Können verbunden sind. Warum wurde/wird das zu lehrende Wissen und Können als für die Lebensbedingungen des Menschen unverzichtbar betrachtet (wissenssoziologische Einbettung)?

4. Wissen und Können müssen im Hinblick auf ihre *mögliche* Anwendung hin reflektiert werden: Wie kann der Lernende künftig so mit dem Wissen und Können umgehen, dass die Würde der beteiligten Personen gewahrt bleibt (erzieherischer Auftrag)?

Zusammengefasst:[126] Von einem modernen Lehrplan kann man sprechen, wenn das Wissen und Können so angeordnet ist, dass es

---

125 Vgl. Benner, Dietrich: Allgemeine Pädagogik. S. 248ff. Vgl. erweiternd: Ladenthin, Volker: Ethik und Bildung in der modernen Gesellschaft. Würzburg 2002. Beide Modelle gehen auf Humboldt zurück, vgl. die nächste Fußnote. Vgl. dazu auch die Prinzipien des Unterrichts (Anschaulichkeit, Selbsttätigkeit, Konzentration, Synthese) von Jürgen Rekus (Bildung und Moral. Zur Einheit von Rationalität und Moralität in Schule und Unterricht. Weinheim und München 1993), die die Angaben Humboldts unterrichtspraktisch auslegen.

126 Vgl. die Einleitungssätze in Humboldt: Bildung: „Es wäre ein grosses und trefliches Werk zu liefern, wenn jemand die eigenthümlichen Fähigkeiten zu schildern unternähme, welche die verschiedenen Fächer der menschlichen Erkenntniss zu ihrer glücklichen Erweiterung voraussetzen; den ächten Geist, in dem sie einzeln bearbeitet, und die Verbindung, in die sie alle mit einander gesetzt werden müssen, um die Ausbildung der Menschheit, als ein Ganzes zu vollenden."

1. mit seiner (fach)methodischen Genese gelehrt wird;
2. in einer Fachsystematik zu verorten und in seiner Perspektivität und Erweiterbarkeit thematisiert ist;
3. in seinen Entstehungsbedingtheiten und Verwendungszwecken erkennbar wird;
4. in seiner Bedeutung für verantwortungsvolles Handeln reflektiert wird.

5.2.2 Adressatenbezug

Lehrpläne unterscheiden sich auch durch die Reflexion auf jene Gruppe, auf die sie bezogen sind. Sie müssen – wenn eine solche Differenzierung vorliegt – schulartenspezifisch, lerngruppenspezifisch und altersspezifisch ausdifferenziert werden. Bei allen Differenzierungen jedoch können folgende regulative Ideen bedacht werden:

1. *Vergangenheitsbezug*: Lernen ist immer an Vorwissen, an inhaltliche *Voraussetzungen* gebunden; diese Voraussetzungen müssen beachtet und – wo möglich – einander angeglichen werden – sonst wirken sich soziale Unterschiede im Alltag der Schule aus. Ein „reines" Testwissen – abgefragt wird nur, was in der Schule gelehrt wurde – gibt es in der Pädagogik nicht, weil allein schon das Sprachverständnis aus alltagsgewohntem Sprechen entstanden ist und daher den neuen Lehrgegenstand von diesem Vorwissen erschließt und in dieses Vorwissen einbettet. Will man also soziale Unterschiede schulisch zumindest berücksichtigen, müssen die sozialen und individuellen Voraussetzungen des schulischen Lernens erhoben und wo möglich einander angenähert werden.

2. *Zukunftsbefähigung*: *Zukunftsbefähigung* heißt nicht, jetzt etwas zu lehren, was später vielleicht einmal wichtig wird.[127] Zukunftsbefähigung heißt, dasjenige zu lernen, das einem ermöglicht, die anstehenden Aufgaben (mit) zu gestalten. Denn Zukunft ist etwas, was sich ergibt, wenn die Schüler ihr Leben (und damit die Welt) selbst gestalten. Inhalt von Unterricht können also nicht - immer nur aus der Gegenwart abzuleitende - Einübungen sein, sondern nur regulative Ideen, die es ermöglichen, in allen zukünftigen Situationen pädagogisch zu handeln.

3. *Gegenwartsrelevanz*: Schulisches Lernen ist vom Grundgedanken her immer Vorratslernen. Gleichwohl handeln die Schülerinnen und Schüler jetzt schon verantwortlich in pädagogischen Zusammenhängen - einmal in der Schule als pädagogische Situation, aber auch im Elternhaus in der

---

127 Vgl. Ladenthin, Volker: Zukunft und Bildung. Entwürfe und Kritiken. Frankfurt/M. et al. 2004.

Rolle als Kind und vielleicht als Geschwister oder in Peer-Groups und institutionalisierten Jugendgruppen. Diese Handlungen müssen bestmöglich durchgeführt werden können. Insofern muss jeder Lerngegenstand *Gegenwartsrelevanz* haben. Gegenwartsrelevanz meint: Ein Lerngegenstand wird im Augenblick des Lernens entweder für das weitere Lernen oder für das zu verantwortende Handeln in der näheren Gegenwart als bedeutsam („wertvoll") erkannt und anerkannt.

5.2.3 Gesellschaftsbezug

Im Prinzip des Gesellschaftsbezugs artikulieren sich nicht nur die individuellen Interessen der Lernenden, sondern auch jene nicht leicht und unmittelbar zu ändernden Verhältnisse, in denen die Schülerinnen und Schüler leben und handeln – und die ihrerseits Ansprüche an den Lernstoff stellen. Hierzu gehören etwa das Wissen um vorhandene pädagogische Einrichtungen, das Wissen um das kollektive Gedächtnis und den kollektiven Wissensstand über Pädagogik, Alltagswissen, aber auch Handlungsherausforderungen im Alltag (ihre rechtliche und soziale Stellung), die erwarteten Kompetenzen[128] oder aktuelle Herausforderungen über jene Themen, die Wolfgang Klafki (1927–2016) einmal als „Schlüsselprobleme" bezeichnet hat: Umwelt, Politik, Genderfragen, Technik, Medien.[129] So müssen die Schülerinnen und Schüler verstehen und lernen, warum es einen aktuellen Jugendschutz gibt, warum es ein Familienrecht gibt, nach dem Eltern nur so lange die Verfügung über ihre eigenen Kinder haben, wie das Kindeswohl gewahrt bleibt. Sie müssen die juristische Rechtsstellung des Kindes und Jugendlichen in verschiedenen Lebensaltern kennen, die Institutionen der Sozialpädagogik, den Sinn und die Eigenheit von pädagogischen Institutionen, allen voran der Schule und des schulischen Unterrichts, der beruflichen Ausbildung und des Studiums. Kurz: Die pädagogische Wirklichkeit der Gegenwart hat aus naheliegenden Gründen insoweit zum Gegenstand eines Lehrplans beizutragen, wie diese Gegenwart sich nicht aus oder in der Alltagswelt erschließt. Dazu gehören mindestens:

1. Kollektives Wissen/Kollektive Traditionen
2. Pädagogische Institutionen
3. Rechtlich relevante Aussagen zu pädagogischen Themen

---

128 Hier wären die Ergebnisse der Kompetenzforschung zu verorten.

129 Klafki, Wolfgang: Zweite Studie: Grundzüge eines neuen Allgemeinbildungskonzeptes. Im Zentrum: Epochaltypische Schlüsselprobleme. In: Ders.: Neue Studien zur Bildungstheorie und Didaktik. Zeitgemäße Allgemeinbildung und kritisch-konstruktive Didaktik. 4. Aufl. Weinheim / Basel 1994.

4. Soziologisch relevante Aussagen zu pädagogischen Themen
5. Pädagogische Erwartungen, Aufgaben und Arbeitsfelder („Kompetenzen")

Die Kriterien zur Auswahl von Unterrichtsinhalten lassen sich als dreidimensionales Kriterienraster darstellen. Nichts darf unterrichtet werden, was nicht durch alle drei Kriterien begründet ist.

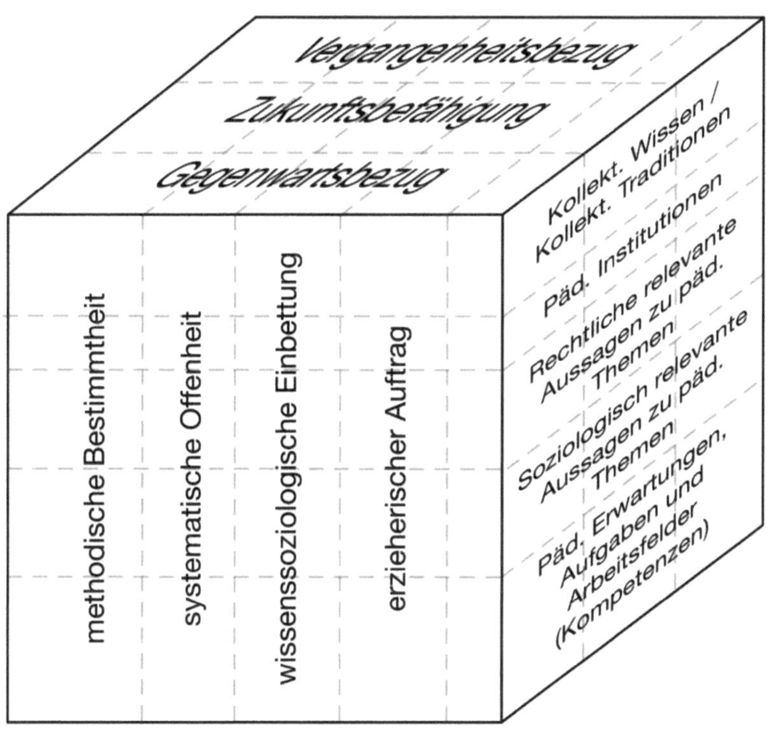

5.3 Didaktische Reduktion und Organisation

Bildungsprozesse finden immer in einem organisatorischen Rahmen, unter institutionellen Bedingungen und in begrenzter Zeit statt. Zudem sind die Einsichten aus der Lehr-Lernforschung und der Lernpsychologie zu berücksichtigen. Um hier entsprechend gestalten zu können, haben sich Verfahren bewährt, die helfen, den prinzipiell unendlichen Lehrstoff bedarfsspezifisch zu reduzieren. Als solche Prinzipien gelten die Prinzipien der Exemplarizität, der Elementarität und der Fundamentalität.

1. Die Vielfalt möglicher Inhalte kann dadurch begrenzt werden, dass vorrangig jene ausgewählt oder so gestaltet werden, die *exemplarisch* sind für die Inhalte des Faches (spezifische Fragestellung/unersetzbare-notwendige, nützliche, sinnvolle Fragestellung) und für (bildungsrelevante) Methoden des Faches. So müssen nicht alle Positionen der Reformpädagogik besprochen werden, sondern nur jene, die Bedeutung haben und bedeutsam sind für die Bildung pädagogischer Urteilskraft angesichts anstehender Aufgaben.

2. Wenn Wissen und Können auch in der Zukunft Bedeutung haben soll, dann muss es immer wieder neu zusammensetzbar sein. In diesem Sinn muss das Wissen und Können *elementar* sein – d.h. aus je neu zu kombinierenden Einheiten bestehen *oder* aus den Elementen (Aspekten, notwendigen Voraussetzungen), aus denen es sich zusammensetzt. Solch elementares Wissen und Können ist etwa der Begriff der Institution, der Organisation, des pädagogischen Prozesses (Ziele, Inhalte, Methoden, Medien) oder die Fähigkeit, einen Lexikonartikel auszuwerten, eine Tabelle zu lesen oder einen Text zusammenzufassen. Umgekehrt sind moderne pädagogische Einrichtungen wie Kindergarten, Schule oder Universität nur angemessen zu beschreiben, wenn der Betrachter elementares Wissen über die Prinzipien der Freiheit, Gleichheit oder Individualität einbringen kann. Diese Begriffe sind *elementare* Voraussetzung zum Verständnis und zur Gestaltung moderner pädagogischer Institutionen.

3. Schließlich wird bei der *Auswahl* des Wissens und Könnens grundlegendes („fundamentales") Wissen und Können den Ausdifferenzierungen gegenüber vorgezogen werden müssen.[130]

---

130 Vgl. das Kapitel „Erziehung und Bildung – grundlegende Klärungen" in: Willemsen, Michael; Wortmann, Elmar: Perspektive Pädagogik. Erziehung – eine Einführung. H. 1 Stuttgart, Leipzig 2014. S. 13ff.

Aus lernpsychologischer Sicht muss ein Lehrplan
– komplexitätssteigernd sein (linear),
– immanente Wiederholungen beinhalten (spiralförmig).

Weiterhin muss er
– differenzierbar sein (zumindest Fundamentum und Additum oder must-should-can bzw. notwendig-nützlich-sinnvoll gestuft),
– operationalisierbare Inhalte formulieren und
– (bewertbare) Qualitätsstufen ausweisen.

6.   Das Ziel des Pädagogikunterrichts und die operationalisierbaren Lehrzielbereiche

6.1 Das Ziel des Pädagogikunterrichts

Ziel allen schulischen Wirkens ist die Bildung des Menschen. *Bildung an sich* kann man allerdings weder unterrichten noch lernen; vielmehr stellt Bildung sich ein, wenn man „richtig" gelernt hat. Bei der Beurteilung dessen, was „richtig" ist, ist das methodengenerierte Fachwissen unverzichtbar, die *sachlich gültige Welterkenntnis.* Ein einzelnes Fach rechtfertigt sich dadurch, dass es eine *unverzichtbare* Teilaufgabe dieser Gesamtaufgabe „Bildung" bearbeitet; es leistet daher einen spezifischen, nicht von einem anderen Fach zu übernehmenden Beitrag zur Bildung des Menschen – im Falle des Pädagogikunterrichts ist dies die Kenntnis der pädagogischen Leitideen und die Fähigkeit, angesichts dieser Regulative angemessen zu urteilen und zu handeln.

Die Inhalte, Methoden und Strukturen des Faches wurden in den vorigen Kapiteln ausführlich dargestellt und müssen hier nicht wiederholt werden. Sie stellen die inhaltlichen Ziele des Pädagogikunterrichts dar.

Da Handeln aber nicht nur zweckrational ist, sondern sich die Zwecke noch einmal darauf hin befragen lassen, ob es gute Zwecke sind, d.h. dem Menschlichen am Menschen dienen, müssen weitere regulative Ideen beachtet werden. So darf pädagogisches Handeln, auch dort, wo es zweckrational begründet ist, nicht gegen die Würde des Menschen verstoßen. Diese Würde besteht in der Freiheit des Menschen, sich selbst Zwecke setzen zu können.

Am *Beispiel* des Unterrichtsthemas *Fürsorge* ist dies gut zu erläutern:

Eine von der pädagogischen Idee autorisierte *Fürsorge* gegenüber Menschen, die sich selbst nicht helfen können, darf nicht so *vorsorglich-fürsorglich* sein, dass sie Willen und Eigenheiten des Adressaten nicht mehr achten. Die möglichen *Techniken* der Fürsorge *allein* entscheiden also nicht über ihren pädagogisch angemessenen Einsatz. Vielmehr muss dem Einsatz von Fürsorgetechniken pädagogische Urteilskraft vorausgehen, die die Begründung, Form, Dauer und Reichweite der fürsorglichen Techniken reflektiert.

Der polnische Pädagoge Januzs Korczak (1878/1879–1942) hat in diesem Sinne immer wieder aufgezeigt, dass gerade die übertriebene (nämlich technisch mögliche) Fürsorge für das Kind um seines Erwachsenwerden-willen dieses Erwachsenwerden verhindert[131] – mit der Folgerung: „Aufgabe des Erziehers ist es, das Kind leben zu lassen und ihm zu dem Recht zu verhelfen, Kind zu sein"[132] – also auch fehlerhaft zu handeln.

Die aktuelle Diskussion wird unter dem Terminus „Helikoptereltern" geführt, die die Kinder mit übertriebener Fürsorge zu erdrücken drohen – und damit die pädagogisch intendierte Selbstständigkeit gefährden.

Pädagogisches Handeln steht, wie alles Handeln, unter dem Gebot der Sittlichkeit, d.h. der Anerkennung der Würde (Freiheit) des anderen. Damit diese Würde sich realisieren kann, bedarf es der human gestalteten Welt, so dass die conditio humana eine dem Handeln und der sachlichen Richtigkeit übergeordnete Idee des Ziels *allen* Handelns ist: Das pädagogische Handeln muss dem Anspruch genügen, zu einer menschlichen Welt beizutragen.[133]

Die sich zur Schaffung dieser Welt artikulierenden Interessen müssen die Würde des Einzelnen beachten, d.h. zwischen einem guten Leben (conditio humana) und einem verantwortlichen Leben (Sittlichkeit) unterscheiden. Alle Handlungen müssen dahingehend geprüft werden, ob sie der Würde des Menschen dienen.

Schließlich stellt sich bei jeder Handlung jene Frage, die im pädagogischen Rahmen vielleicht behutsam gestellt, aber keinesfalls beantwortet oder überprüft werden darf, obwohl sie diejenige Frage ist, die im Alltag all unsere Handlungen bestimmt: Die Frage nach dem letzten Sinn unseres Tuns.

Pädagogische Bildung besteht daher in der Fähigkeit, Aufgaben anzunehmen und
- zu beurteilen, ob, inwiefern und wie sie mit pädagogischem Wissen sachlich angemessen zu bewältigen sind;
- zu fragen, aus welchem Interesse heraus sich Forschungsaufgaben speisen (Ideologiekritik, Wissenssoziologie);
- zu beurteilen, ob, inwiefern und wie die Handlungsoptionen dazu beitragen, eine menschliche Welt zu gestalten;
- zu beurteilen, ob die Handlungen der menschlichen Würde entsprechen;

---

131 Vgl. die Unterrichtsreihe „Janusz Korczak. Arzt, Pädagoge, Freund der Kinder und der Menschen". In: Storck, Christoph; Paland, Dagmar; Löhnenbach, Hans-Josef (Hg.): Menschen-Kinder-Menschenskinder. Pädagogik. Erziehungswissenschaft. Sekundarstufe I. Baltmannsweiler 1998. S. 161–177.

132 Korczak, Janusz: Das Recht des Kindes auf Achtung (1928/29). In: Ders.: Das Recht des Kindes auf Achtung. Hg. v. Elisabeth Heimpel u. Hans Roos. Göttingen 1970. S. 7–37. Hier S. 35.

133 Vgl. Ladenthin, Volker: Werterziehung im Pädagogikunterricht. In: Pädagogikunterricht. 25 (2005) H. 4. S. 2–9.

– hypothetisch zu reflektieren, inwiefern sich Perspektiven für ein sinnvolles Leben öffnen.

Erst diese vier Fragen in ihrer Gesamtheit umschreiben, was man *Pädagogische Bildung*, also das Ziel des Pädagogikunterrichts nennen kann.

Beispiel

Die Migrationsbewegungen der Moderne stellen eine besondere Herausforderung für demokratische und offene Gesellschaften dar, weil die kulturellen Divergenzen bis in feine alltägliche Handlungen wie Essen, öffentliche und familiale Umgangsformen und Kleidung („Kopftuch")[134] hineinreichen und die traditionelle Idee (des 19. Jahrhunderts) einer mit sich in allen Teilen identischen Nation faktisch konterkarieren.

Die Frage im Pädagogikunterricht lautet, ob angesichts dieser Herausforderung *pädagogischer* oder vielleicht nur *politisch-gesellschaftlicher* Handlungsbedarf begründet werden kann, bzw. dieser die Ziele *für* das pädagogische Handeln angibt.

Sicherlich kann eine Gesellschaft die Herausforderungen, die durch Migration entstehen, nicht allein pädagogisch bearbeiten, wie umgekehrt die Pädagogik mehr ist als die Hilfe zur kulturellen Integration, bzw. die Bereitstellung von Methoden für jedes politische Ziel. Daher ist es sinnvoll, von „kulturspezifischen *Aspekten* von Erziehung"[135] zu sprechen und das eigene Handlungsfeld klar zu begrenzen. Es wäre eine Selbstüberschätzung (und ein Kategorienfehler), wenn man annähme, die Gesellschaft insgesamt sei allein durch pädagogische Maßnahmen zu humanisieren.

Auf der Sachebene lassen sich nun Traditionen oder Modelle interkultureller Pädagogik thematisieren und die unterschiedlichen Positionen der (1) kulturdominanten, der (2) liberalen/ egalitären/ relativistischen,

---

134 Ladenthin, Volker: Art.: Kleidung. In: Ludger Kühnhardt; Tilman Mayer (Hg.): Bonner Enzyklopädie der Globalität. 2 Bände. (In Zusammenarbeit mit St. Conermann; M. Gabriel; X. Gu; M. Gymnich; W. Hogrebe; W. Kinzig; W. Kubin; V. Ladenthin; G. Schulz) Bd. 1. Wiesbaden 2017. S. 223–233.

135 Vgl. die Übersicht von Schilmöller, Reinhard: Kollision kultureller Werte. Pädagogische Konzeptionen interkultureller Erziehung im Dilemma. In: Schneider, Johannes (Hg.): Kulturelle Vielfalt als Problem für Gesellschaft und Schule (Münstersche Gespräche zu Themen der wissenschaftlichen Pädagogik. Heft 13), Münster 1996. S. 70–97.

der (3) sich am geltenden Recht orientierenden oder der (4) dialogisch-transkulturellen Pädagogik herausarbeiten.[136]

Pädagogikunterricht darf sich – wie bildungstheoretisch gezeigt werden kann[137] – gleichwohl nicht damit zufrieden geben, vorhandene Konzepte lediglich sachlich vorzustellen und es den Schülerinnen und Schülern zu überlassen, zu entscheiden, ob sie im alltäglichen (z. B. außerschulischen) Umgang von ihren Schulkameraden mit Migrationshintergrund (1) Anpassung an eine Zielkultur normativ einfordern, (2) Differenzen gegenüber – z. B. im Umgang der Geschlechter – gleichgültig sind, (3) sich formal auf Rechtspositionen zurückziehen oder (4) das aufklärende Gespräch suchen und in Fällen von Missachtung grundlegender Persönlichkeitsrechte („Würde") auf dem Argument einer kulturübergreifenden sittlichen Verpflichtung eines jeden Menschen bestehen. Nicht jede Form des möglichen und faktischen interkulturellen Umgangs dient also einem humanen Zusammenleben; und nicht jede mögliche Form des Zusammenlebens ist sittlich zu vertreten.[138]

Pädagogikunterricht zu diesem Thema muss also zusätzlich zu der fachwissenschaftlich zu klärenden Frage, welche Formen interkultureller Pädagogik sich historisch-systematisch unterscheiden lassen, thematisieren,

– welche Reichweite pädagogische Interventionen haben und haben sollen;
– welche gesellschaftlichen Einrichtungen und Institutionen welche Aufgaben zu übernehmen haben;

welche der Konzepte interkultureller Pädagogik eine humane und sittliche Welt ermöglichen. Welche Handlungsoption sich aus diesem verantworteten Wissen nun ergibt, können Schule wie Elternhaus nur *hypothetisch* reflektieren, keinesfalls aber in Auftrag geben und kontrollieren. Daher

---

136 Vgl. die gleichnamige Unterrichtsreihe in: Dörlöchter, Heinz; Stiller, Edwin: Phönix. Der etwas andere Weg zur Pädagogik. Ein Arbeitsbuch. Bd. I. Braunschweig, Paderborn, Darmstadt 2005. S. 141–180.

137 Schilmöller, Reinhard: Nicht interkulturelles Lernen — transkulturelle Bildung als Auftrag der Schule. In: Doedens, Folkert; Schreiner, Peter (Hg.): Interkulturelles *und* Interreligiöses Lernen. Beiträge zu einer notwendigen Diskussion. Münster 1996. S. 89–96.

138 Vgl. Ladenthin, Volker; Becker, Daniel: Werterziehung im interkulturellen Kontext. In: Schützenmeister, Jörn (Hg.): Zeitgemäße pädagogische Bildung. Beiträge zur Entwicklung und zum Studium der Fachdidaktik Pädagogik. Baltmannsweiler 2009. S. 89–122.

wäre es durchaus problematisch, wenn die Beispiele, an denen Prinzipien interkulturellen Umgangs reflektierend gelernt werden sollen, aus dem Schulalltag genommen würden. Hier geschieht – vielleicht um der Motivation und Anschaulichkeit willen – eine Vermischung von Schule und Lebenswelt, die dem modernen Verständnis von schulischem Vorratslernen und dem pädagogischen Sinn schulischer Handlungszwangsentlastung und der Unterscheidung von schulischem Lernen und lebensweltlichem Handeln nicht gerecht wird. Eine Unterrichtsreihe kann demnach nicht mit einer realen *Anwendung* des Gelernten enden, sondern z. B. mit einem „Projektvorschlag zum *selbständigen* Weiterarbeiten"[139]. Letztlich also ist empirisch nicht evaluierbar, ob das Lehrziel „Interkulturelle Bildung" erreicht worden ist. Das wird aus folgendem Arbeitsauftrag deutlich: „Ziehen Sie ein ganz persönliches Fazit und formulieren Sie das Ergebnis in Ihrem Journal"[140].

Die kognitiven Anteile des Bildungsvorgangs (Kenntnis über Konzepte interkultureller Pädagogik; Bewertung der Konzepte hinsichtlich ihres Beitrags zu einer humanen Gesellschaft; Bewertung der Konzepte hinsichtlich ihres Beitrags zu einer Achtung der Würde des Menschen) lassen sich hingegen durchaus kriterienorientiert beurteilen und daher auch messen und benoten.

Pädagogikunterricht ermöglicht verantwortliches pädagogisches Urteilen und Gestalten angesichts von sinnvollen Herausforderungen. Aktuelle Konzepte, die öffentlichkeitswirksam von der Mutmaßung ausgehen, Schule habe bisher nur Wissen doziert, nicht aber Handlungsfähigkeit als Ziel im Blick gehabt, berücksichtigen häufig nicht ausreichend, dass der pädagogische Diskurs *von Beginn seiner Überlieferung an* darauf ausgelegt war, dem Menschen ein eigenständiges Leben zu ermöglichen (vgl. oben die Zitate aus unterschiedlichen Kulturen und Zeiten). Es ist so eine Scheinopposition aufgebaut worden, die dem Reflexionsstand der maßgeblichen pädagogischen Literatur (und Lehrplänen) nicht gerecht wird. Pädagogisches Bemühen zielte und zielt letztlich immer auf Handlungsfähigkeit – wie dies seit der Antike auch explizit dokumentiert ist. So will etwa Xenophon (430–355) am Beispiel des Königs Kyros exemplarisch (und damit vorbildhaft für die Zukunft) darlegen, „wie viel seine Herkunft, seine natürliche Anlage und seine Erziehung dazu beigetragen, ihn zu einem so ausgezeichneten *Herrscher* zu bilden."[141]

139 Dörlöchter, Heinz; Stiller, Edwin: Phoenix. S. 179. Hervorheb. v. mir, V. L.
140 Ebd. S. 180.
141 Xenophon: Cyropädie. Übers. v. Christian Walz. In: Xenophon's von Athen Werke. Erste Abtheilung. Erstes Bändchen. Stuttgart 1827. S. 30.

Der Tätigkeitsbezug („Herrscher") ist das Ziel pädagogischer Reflexion, bzw. Rekonstruktion.

Allerdings kann Handlungsfähigkeit unter den Bedingungen ausdifferenzierter Gesellschaften (siehe Abschnitt 1)[142] und unter den Bedingungen der Moderne (siehe Abschnitt 2)[143] nicht direkt geschult werden. Die in der Schule zu erwerbende Handlungsfähigkeit ist weder identisch mit lebensweltlichen Handlungsgegebenheiten noch gar mit lebensweltlichen Handlungen. Kompetenzbegriffe, die unterstellen, aus Handlungsfähigkeiten („Kompetenzen") ergäben sich problemlos Handlungsoptionen oder gar Handlungen („Performanzen"), so dass Fähigkeiten durch lebensnahe Aufgabenstellungen geschult *und* überprüft werden könnten, missachten, dass sich sowohl die Bereitschaft zum Handeln (Motivation, Wille) wie auch die tatsächliche, lebensweltliche Handlung außerhalb der Schule *prinzipiell* des pädagogischen Zugriffs entziehen, da sie in der Eigenverantwortung des Subjekts liegen. Kompetenzen hingegen nur hypothetisch zu prüfen (an fiktiven Beispielen) widerspricht der Idee der Handlung, die *immer* gelingen wollen muss und nicht – wie *jede* Prüfung es voraussetzt – auch misslingen können muss, um trennscharfe Evaluationsergebnisse zu erhalten: Interkulturelle Kompetenz z. B. darf man weder in einer (schulischen) Ernstsituation *prüfen*, noch kann man von *hypothetischen* Fallschilderungen erwarten, dass sie – in einem institutionellen Rahmen mit Schulzwang und Benotung – *frei* und d.h. ernsthaft bearbeitet wird.

Das Ziel des Pädagogikunterrichts ist pädagogische Urteilsfähigkeit im Sinne eines erziehenden Unterrichts.

---

142 Gewährsautor wäre Comenius und seine Begründung der Schule als Institution einer arbeitsteiligen und grundsätzlich von der Arbeit entfremdeten Welt: „Weil jedoch bei der Zunahme der Menschen und der menschlichen Geschäfte die Eltern selten geworden, welche so gescheit und fähig sind und von ihrer Tätigkeit genügend Zeit erübrigen können, sich dem Unterricht ihrer Kinder zu widmen, war man schon vor Zeiten so wohlberaten, es so einzurichten, daß auserwählten Persönlichkeiten, die durch Verständigkeit und sittlichen Ernst hervorragen, die Kinder vieler Eltern gleichzeitig zur wissenschaftlichen Bildung anvertraut werden". Comenius: Große Didaktik. S. 53 (Auch in Ladenthin: Philosophie der Bildung. S. 123.)

143 Gewährsautor wäre Herbart in dem Kapitel seiner Allgemeinen Pädagogik, in dem er zeigt, dass „Erfahrung und Umgang" der „Ergänzung" durch systematischen Unterricht bedürfe. Herbart: Allgemeine Pädagogik. S. 167–172.

6.2 Versuch einer Operationalisierung der Ziele

Bei der Operationalisierung versucht man, für die angestrebten Ziele beschreibbare (beobachtbare und womöglich messbare) Indikatoren zu finden, an denen sich ablesen lässt, ob und inwieweit die intendierten Ziele erreicht wurden. Die komplexen Begriffe des Urteilens und Handelns zum Beispiel werden so in beobachtbare und womöglich messbare Teilbegriffe zerlegt, die in ihrer Gesamtheit angeben, ob und inwieweit Urteils- und Handlungsfähigkeit ausgebildet wurden. Dabei ist allerdings stets zu bedenken, dass die Beobachtung und Messung der Teilbegriffe nicht einfach arithmetisch summiert werden kann, um den Zielbegriff vollständig zu erfassen. Das Ganze ist immer mehr als die arithmetische Summe der einzelnen Teile. Gleichwohl helfen die Indikatoren bei der Gesamtbeurteilung.

Um in modern ausdifferenzierten Gesellschaften verantwortungsvoll urteilen und handeln zu können, bedarf es
1) fachspezifischer Sachkenntnisse, Fertigkeiten oder Fähigkeiten,
2) fachbezogener und überfachlicher Methodenbeherrschung,
3) grundlegender Denkfähigkeiten und
4) eines sozial orientierten und sittlichen Urteilsvermögens.

Diese Anforderung ist etwa im kategorischen Imperativ von Immanuel Kant zusammengefasst: „Handle nur nach derjenigen Maxime, durch die du zugleich wollen kannst, dass sie ein allgemeines Gesetz werde."[144] Der Geltungsanspruch („allgemeines Gesetz werden") bezieht sich
1) auf den Sachanspruch (der auf Grund der Methodengebundenheit für *alle* gleich ist),
2) auf den methodischen Anspruch (Methoden sind *immer* intersubjektiv),
3) auf den Anspruch des (logischen) Denkens (das *immer* nachvollziehbar sein muss) und
4) auf den sittlichen Anspruch (der für *alle* gültig sein muss).

Diese grundlegende Ordnung soll hier entfaltet werden.

---

144 Kant, Immanuel: Grundlegung zur Metaphysik der Sitten (1785/1786). In: Immanuel Kant. Werke in zehn Bänden, hg. v. W. Weischedel. Bd. VI. Darmstadt 1983. S. 51 (= BA 52).

6.2.1 Sachwissen, Fertigkeiten oder Fähigkeiten

Unter Verwendung der bekannten Lernzieltaxonomien (etwa von Bloom (1913–1999))[145] kann versucht werden, aufeinander aufbauende Qualitätsstufen im Bereich des pädagogischen Fachwissens auszuweisen. Hier soll nur grob unterschieden werden zwischen Wissen und Können in Bezug auf konkrete Einzelheiten und Zusammenhänge und auf Zusammenhänge und Theorien.

1. Wissen und Können in Bezug auf konkrete Einzelheiten

1.1 Zu fragen wäre: Welche pädagogischen *Fachbegriffe* in ihrer *historisch-systematischen* Bedeutung sind unverzichtbar? Sicherlich sind zu nennen Pädagogik, Bildung, Unterricht, Erziehung, Disziplin, Fürsorge, pädagogischer Bezug, aber auch Sozialisation, Enkulturation sowie Entwicklung und Reifung.

1.2. Zu fragen wäre: Welche *Ereignisse, Orte, Personen* (und *Schriften*) oder *Daten* wären zu thematisieren? So könnten eine entsprechende Liste etwa anführen die Fälle von Wolfskindern, die Einführung der Schulpflicht, die Änderung des Jugendstrafrechts zum Jugenderziehungsrecht, die Reformpädagogik. Als Orte wären zu nennen der fiktive Ort des Höhlengleichnisses von Platon, die unterschiedlichen Reformschulen (Philanthropin, Hallesche Anstalten, Haubinda (oder andere Lietzschulen), die Peter-Petersen-Schule, die antiautoritäre Schule Summerhill von A.S. Neill, die Bielefelder Laborschule usw.). Als Autoren wären jene zu nennen, die in der wissenschaftlichen Öffentlichkeit als Klassiker der Pädagogik gelten.[146]

---

145 Bloom, Benjamin: Taxonomie von Lernzielen im kognitiven Bereich. (1974). 5. Aufl. Weinheim 1976.

146 Der Konsens in der Bestimmung von Klassikern ist recht dauerhaft und groß, vgl. etwa: Blättner, Fritz: Geschichte der Pädagogik (1951). Heidelberg 1958 (5., verb. Aufl.), der u. a. Comenius, Locke, die Philanthropen, Rousseau, Pestalozzi, Herder, Goethe, Humboldt, Fröbel, Schleiermacher, Herbart und die Autoren der Reformpädagogik (Lietz, Wyneken, Otto und Montessori) nennt; Knoop, Karl; Schwab, Martin: Einführung in die Geschichte der Pädagogik. Pädagogen Porträts aus vier Jahrhunderten (1981). Heidelberg-Wiesbaden 1992 (2. Aufl.): Dort werden Comenius, Rousseau, Condorcet, Pestalozzi, Humboldt, Schleiermacher, Herbart, Fröbel, Kerschensteiner, Dewey, Montessori, Korczak, Petersen, Weniger, Heimann, Copei genannt, was (bis auf Einzelheiten) sicherlich heute immer noch zustimmungsfähig ist (vgl. Lischewski: Meilensteine der Pädagogik. Geschichte der Pädagogik nach Personen. (2014).

2. Wissen und Können in Bezug auf Zusammenhänge, Ordnungen und Theorien

Hierzu gehören z. B.: Bildung in geschlossenen und offenen Kulturen, teleologische Konzepte (Aristoteles), moderne Erziehung (Rousseau), spezifische Erziehungskonzepte (die antike Rednerschule, Häusliche Erziehung, Schule, Kindergarten, Reformpädagogik).

Texte oder Theorien, die notwendig sind zum Aufbau pädagogischer Urteilskraft: Vormoderne und moderne Bildungstheorien; das pädagogische Paradox; Anlage-Umwelt-Erziehung; Erziehungsformen, Lehr-Lernformen; Leiblich-soziale Dimension der Pädagogik; Kant (Aufklärungsschrift); Humboldt (Bildungsfragment); Durkheim (1858–1917) (Bildungssoziologie) usw.

3. Wissen und Können in Bezug auf Handlungsformen

Pflegen
Versorgen
Betreuen
Begleiten
Verstehen
Beraten
Eingewöhnen
Disziplinieren
Unterrichten
Erziehen
Lehren-Lernen
Umgang pflegen
Gemeinschaft bilden
Gesellschaft gestalten
pädagogisches Handeln planen (Voraussetzungen, Adressaten, Ziele, Inhalte, Methoden, Medien, Ergebnisse)

4. Arbeitstechniken

Hierzu gehören Verfahren der Text- und Situationsanalyse (Beschreibung/Bewertung), Umgang mit Hilfsmitteln wie Lexika, Bibliografien oder Internet. Auch wären Präsentationsformen (Diskussion, Redebeitrag, Statement, Impulstext, Zusammenfassung, Referat, Aufsatz) zu nennen.

Diese Ziele sollten nicht isoliert angestrebt werden, sondern integrativ.

So können z. B. an einem Ausschnitt aus dem Konzept der antiautoritären Erziehung von A.S. Neil (1883–1973)
- dessen Biographie und theoretische Impulsgeber benannt werden,
- ähnliche Versuchsschulen recherchiert werden,
- diese Schulen in einen zeitlichen Zusammenhang gesetzt werden,
- die Gleichursprünglichkeit von Bildsamkeit und Geltungsanspruch,
- die Differenz von Erziehung und Disziplinierung,
- die Differenz von autoritär und Autorität aufgearbeitet werden und
- die zur Hervorbringung dieses Wissens und Könnens notwendigen Arbeitstechniken erworben und geübt werden.

Klaus Beyer, Christoph Storck und Elmar Wortmann haben es unternommen, Operatoren zu bestimmen, also jene „Tätigkeiten (Operationen), welche die Schülerinnen und Schüler bei der Lösung der Aufgaben ausführen sollen."[147] Diese Auflistung ermöglicht oder erleichtert die Planung von Unterricht, weil exakt beschrieben wird, welche gedanklichen Operationen gelernt werden müssen, um Aufgaben zu lösen. Zudem erstellen sie eine Liste von „kompetenzfundierenden Kenntnissen", die sie „aus den Strukturmerkmalen pädagogischen Denkens"[148] gewinnen – also fragen:

„Wer macht mit wem wozu (was? warum?) wie unter welchen Bedingtheiten und Qualifikationsansprüchen?"

Daraus ergeben sich folgende Themen:

1. der Edukand als Adressat pädagogischen Handelns
2. pädagogisches Selbstverständnis des Erziehenden
3. Intentionalität des pädagogischen Handelns
4. pädagogische Aktionsformen
5. gesellschaftliche Einbettung des pädagogischen Handelns
6. Professionalisierung des pädagogischen Handelns
7. entwicklungspsychologische Aspekte pädagogischen Handelns
8. lernpsychologische Aspekte pädagogischen Handelns

---

147 Storck, Christoph; Wortmann, Elmar: Kompetenzfördernder Pädagogikunterricht. Baltmannsweiler 2006. S. 54.
148 Ebd. S. 31–34.

6.2.2 Umgang mit Methoden

Modernes Wissen ist immer methodengeneriert und kann nur deshalb und so lange einen (schulischen) Geltungsanspruch erheben, wie die angewandten Methoden als gültig angesehen werden. Pädagogikunterricht ist folglich immer methodenbewusst zu organisieren; Methodenbeherrschung muss daher einen Zielbereich jedes Pädagogikunterrichts darstellen. Die Vielfalt von Forschungsmethoden und -techniken in der gesamten Pädagogik (Erziehungswissenschaft, Bildungswissenschaft) lässt sich nun mit Dietrich Benner[149] (metatheoretisch) auf drei Wissensformen und daher drei Methodenkonzepte zurückführen:[150]

1. hermeneutische Methoden (Texte verstehen und immanent prüfen; Situationen verstehen, deuten, ordnen)
2. quantitativ empirische Methoden (Daten erheben, Hypothesen empirisch prüfen)
3. normreflektierende Methoden (pädagogisches Handeln (Ziele, Inhalte, Verfahren, Medien) begründen oder prüfen)

Aus erkenntnistheoretischer Sicht ist *jeder* moderne Pädagogikunterricht auf drei grundlegenden Wissenschaftsmethoden verwiesen.

Metatheorie über die Methoden der Erziehungswissenschaft[151]		
Hermeneutische Methoden	Quantitativ empirische Methoden	Normreflektierende Methoden

---

149 Benner, Dietrich: Hauptströmungen der Erziehungswissenschaft. Eine Systematik traditioneller und moderner Theorien. Vierte nochmals verbesserte und um ein Sach- und Namenregister ergänzte Auflage. Weinheim-Basel 2001.

150 Bei früheren Versuchen (vgl. z. B. N.N. [d.i. W. Wolf, W. Klafki, K.-Chr. Lingelbach]: Forschungsmethoden in der Erziehungswissenschaft. In: Funkkolleg Erziehungswissenschaft. Eine Einführung. Bd. III. Frankfurt/M. 1971. S. 81–171.) sind nur Empirie und Hermeneutik angegeben; es fehlt die normative Dimension.

151 Sicherlich kann es eine Diskussion darüber geben, mit welcher Methode denn die Metatheorie der Erziehungswissenschaft arbeitet – man kann das historisch-empirisch untersuchen oder systematisch. Es ist letztlich die Frage nach der Letzt- oder Erstbegründung der Erziehungswissenschaft oder des Pädagogischen. Vgl. meine Begründung: Ladenthin, Volker: Die pädagogische Perspektive. Historisch-systematische Betrachtungen zu Verständnis und Geltung der Pädagogik heute. In: Bolle, Rainer; Schützenmeister, Jörn (Hg.): Die pädago-

Diese Methoden können ausdifferenziert werden und haben inzwischen eine Mannigfaltigkeit an Forschungsstrategien entwickelt, die im Pädagogikunterricht thematisiert werden können.

Reflexion über Methoden

Methoden werden beherrscht, „transferierbar", wenn sie bewusst eingesetzt werden, d.h. wenn über sie reflektiert wird. In jedem Fall ist der methodische Weg auszuweisen und zu beurteilen. Alternative Methodenkonzepte (hermeneutische, quantifizierende, sprachanalytische, ideologiekritische Verfahren) müssen vorgestellt und diskutiert werden. Methodenreflexion darf aber nicht als formale Übung implementiert werden, die von der Sache abhält, sondern es muss bewusst werden, dass der fachliche Gegenstand erst durch die Methode zu einem solchen wird: methodische Reflexion ist konstitutiv für allen Unterricht. Welche Methoden nun angebracht sind, kann nur themenspezifisch festgelegt werden.

So müssten, um das Beispiel der „Antiautoritären Erziehung" noch einmal aufzunehmen,
- hermeneutische Methoden angewandt werden, um die entsprechenden Texte oder Dokumente auszuwerten;
- quantitativ-empirische Methoden angewandt werden, um herauszufinden, wie viele Schülerinnen und Schüler die Modell- oder Versuchsschule Neills besucht haben; welche Lebensbiographien nachgezeichnet werden können, wie der Erfolg einer solchen Schule nicht nur beurteilt, sondern gemessen werden könnte;
- normative Methoden genutzt werden, um zu diskutieren, inwiefern „Schulen wie Summerhill" gegenüber der nachfolgenden Generation sittlich zu verantworten sind;
- Reflexionen angestoßen werden, dass Kritik an *Summerhill* keine „Meinungsäußerung" ist, sondern sich nachprüfbarer Methoden bedient bzw. bedienen muss.[152]

Hinzu kommen darstellende Verfahren: Zum Lernvorgang gehört es wesentlich, Probleme, Lösungswege und Lösungen anderen gegenüber adäquat vor-

---

gische Perspektive. Anstöße zur Bestimmung pädagogischer Bildung und zur Profilierung des Pädagogikunterrichts. Baltmannsweiler 2014. S. 171–195.
152 Vgl. die Beiträge in: Ludwig , Peter H. (Hg.): Summerhill, antiautoritäre Erziehung heute. Ist die freie Erziehung wirklich gescheitert? Weinheim 1997.

zustellen, überzeugend mitzuteilen und zu diskutieren. Eine erste Stufe ist der mündliche Bericht, eine zweite das schriftliche Anfertigen von Berichten, die dritte Stufe die Präsentation und Diskussion.

6.2.3 Förderung der Denkfähigkeiten

Denkschulung bezieht sich auf die systematische Förderung psychologisch zu beschreibender Denkprozesse. Auch hier gilt, was bereits zur Begründung des Lernzielbereichs Methodenkenntnis gesagt wurde: Inhalte ergeben sich ausschließlich aus Denkprozessen, deren Eigenart und Qualität geschult werden können.

Nicht alle Denkoperationen können in jeder Altersstufe durchgeführt werden. Hier sind die Ergebnisse der Entwicklungspsychologie zu Rate zu ziehen. Der Lehrplan muss also diese Differenzierung mitbedenken. (So könnte es ein Problem sein, die Theorie Kohlbergs in einer Altersstufe zu besprechen, die mehrheitlich noch nicht den von Kohlberg für die 6. Stufe vorausgesetzten Reifegrad hat.)

Denken wird in der Lernpsychologie als „die interpretierende und ordnungsstiftende Verarbeitung von Informationen"[153] verstanden. Die Denkpsychologie engt die im Alltag undifferenziert beschriebenen Vorgänge auf folgende „elementare Denkoperationen"[154] ein:
- „Kognition im engeren Sinne (Erkennen, Identifizieren);
- Gedächtnisleistung;
- Konvergente Produktion (Finden einer logisch notwendigen Folgerung);[155]
- Divergente Produktion (Finden verschiedener logisch möglicher Folgerungen);
- Bewertung oder Evaluation".

Im Folgenden soll dieses Verständnis in eine knappe Ordnung von Denkoperationen vorgestellt werden.[156] Mit Hilfe dieses Ordnungsschemas kann

---

153 S., B.: Denken, Denkschulung. In: Dorsch Psychologisches Wörterbuch. Hg. v. Friedrich Dorsch u.a. Bern, Stuttgart, Toronto 1987. S. 130–132.

154 Ebd. S. 130–132.

155 Das Denken wird also von der Logik (als Wissenschaft vom vernünftigen Denken und Schließen) noch einmal unterschieden. Die Denkpsychologie beschreibt die Voraussetzungen für logische Schlüsse. [Anm. V. L.]

156 Einführende Literatur: Dewey, John: Wie wir denken. Eine Untersuchung über die Beziehung des reflektiven Denkens zum Prozeß der Erziehung (1910). Zürich 1951./ Duncker, Karl: Zur Psychologie des produktiven Denkens (1935).

bei der Unterrichtsplanung bedacht werden, welche formalen Denkoperationen die Lernenden bei dem geplanten Lernprozess beherrschen, anwenden oder lernen müssen:

Bereits das (bewusste) *Wahrnehmen* von Formen, Farben, Geräuschen (nonverbale Sprachmerkmale) und Bewegungen (Mimik, Gestik), stellt eine (einfache) Denkbewegung dar und ist insofern Gegenstand des Lernzielbereichs Denkschulung im Fach Pädagogik. *Bildmaterialien* wären hier z. B. Medien des Unterrichts, um dieses Lehrziel direkt anzugehen. Bei der Methode der Situationsanalyse spielt die *Zurkenntnisnahme* nonverbaler Kommunikationsmittel eine große Bedeutung. Wahrnehmungsfähigkeit richtet sich im Schulunterricht an den optischen oder an den akustischen Sinn.

Häufig wird schulisches Lernen mit „Auswendiglernen" gleichgesetzt: Dies ist aber eine Engführung des Lernbegriffs. Gleichwohl ist es eine *Gedächtnisleistung*, sich zu erinnern. Diese Leistung kann man sowohl einfordern wie trainieren. Ein umfangreiches Gedächtnis ermöglicht es uns, bereits gemachte Erfahrungen zu nutzen, Schemata wiederzuerkennen, Wiederholungen unproduktiver Handlungen zu vermeiden, fremde Erfahrungen zu nutzen und aus einem möglichst großen Repertoire von Handlungserfahrungen und Handlungsoptionen auswählen zu können. Die Gedächtnisleistung sollte also systematisch geschult und in Anspruch genommen werden.

Beim *Verstehen* von sprachlichen oder gegenständlichen Objektivationen geht es um einfaches Wortverstehen, dann aber auch um das Verstehen des Intendierten und Konnotierten – wobei ab einer gewissen Schwierigkeitsstufe Techniken des Verstehens geübt werden müssen. Ist ein Sachverhalt verstanden worden, kann er *übersetzt werden* – in ein anderes Medium (etwa: Bild in Wort), „in eigene Worte" oder für andere.

Die Denkoperation des *Vergleichens* stellt Objektivationen entweder auf sinnlicher oder abstrakter Ebene gegenüber und sucht ihre Gemeinsamkeiten oder Unterschiede aufzudecken. *Klassifizierung* („Einordnen") und *Selektion* („Herauslesen") sind Operationen, die sich des Vergleichens bedienen, dessen Ziele Differenzierung (der Wahrnehmung, des Wissens) wie Begriffsbildung sind.

Zur grundlegenden Form pädagogischen Denkens gehört die *Abstraktion*, die als Heraussuchen bestimmter Merkmale im Hinblick auf ein Kriterium verstanden werden kann, und deren Absicht es ist, das Gleichbleibende im

---

Berlin, Göttingen, Heidelberg 1963./ Jorswieck, E.: Art.: Denken I. In: Lexikon der Psychologie. Bd. I. Freiburg, Basel, Wien 1980, Sp. 346ff./ Mayer, Richard E.: Denken und Problemlösen. Berlin, Heidelberg, New York 1979./ Rubinstein, Sergej L.: Grundlagen der Allgemeinen Psychologie. 8. Aufl. Berlin 1973./ Seidel, Ralf: Denken. Frankfurt, New York 1976. [Für die folgende Systematik wurden diese Konzepte zusammengeführt und neu geordnet.]

Veränderten zu erkennen. Ergebnis der Abstraktion ist die Formulierung von *Begriffen* und *Kategorien*, von Gesetzmäßigkeiten und Strukturen.

Die Gegenbewegung der Abstraktion ist die *Konkretion* (Anwendung), die Versinnlichung abstrakter Beziehungen (etwa: die realen Folgen von Maximen, Prinzipien erschließen, ein Beispiel für eine Theorie finden). Eine besondere Fähigkeit ist das Zusammenkommen beider Denkbewegungen, da der konkrete Gegenstand erst vor dem Hintergrund seiner abstrakten Bestimmtheit vollständig erfasst wird.

Das *Kombinieren* ist die Vorstufe der *Folgerung*. Sie ist, im Gegensatz zur *Assoziation* logisch, objektiv, zielgerichtet. Konkretion und Folgerung treten zusammen in der *Extrapolation*, in perspektivischem und hypothetischem Denken.

Die *Analyse* zergliedert einen konkreten oder abstrakten Gegenstand (etwa: eine Situation, ein Problem); sie ist die Herausarbeitung von Elementen, Teilen, Momenten oder Seiten. Die *Synthese* fasst einzelne Wissensbestände oder Könnensdispositionen zusammen. Begriffs- und Urteilsbildungen setzen die Fähigkeit zur Synthese voraus.

Zusammengesetze Denkformen haben das Beherrschen einfacher, linearer Denkformen zur Voraussetzung. Zur *Begriffsbildung* etwa werden Abstraktion, Synthese, Analyse und stets Konkretion benötigt. Die Fähigkeit zum *Transfer* stellt eine zusammengesetzte Denkform dar, die direkt dem Problemlösen dient. Im Transfer werden gefundene oder gelernte Lösungswege (lateral oder vertikal) an einer verwandten Aufgabenstellung erprobt.

Die *Hypothese* ist eine Art der *Schlussfolgerung*, bei der dem Denkenden im Unterschied zu ihr (noch) nicht alle Informationen zur Problemlösung zugänglich sind.

Soweit eine erste Beschreibung elementarer und gegenstandsunabhängiger Denkprozesse, die nach zunehmender Komplexität (Schwierigkeit, Anspruchsniveau) geordnet wurden. Vermutlich lassen sich alle beschreibbaren Denkprozesse auf diese elementaren Denkoperationen zurückführen, so dass diese angesprochen und geschult/trainiert werden können.

Als Beispiel für die Ansprüche an formale Denkoperationen soll ein kleiner Satz des griechischen Philosophen Demokrit dienen, der einen Grundgedanken der Pädagogik formuliert, der in Bezug zur Pädagogik in Summerhill steht, nämlich die pädagogische Fragwürdigkeit sozialer Autoritäten – und zugleich die Verantwortung der Pädagogik gegenüber der jüngeren Generation. Die pädagogische Interpretation des Textes verlangt mehrere formale Operationen.

Demokrit: „Es gibt wohl ‚auch' Verstand bei jungen Menschen und Unverstand bei alten. Denn nicht die Zeit lässt einen zu Verstand kommen, sondern eine rechtzeitige Erziehung und ‚dazu' Naturanlage." (Fr. 183)[157]

Zentrale Denkprozesse	Fragen, die die zentralen Denkprozesse in Anspruch nehmen oder auslösen
Verstehen	Welche Worte sind unklar? Erläutere folgende Worte!
	Das Wort „Unverstand" könnte Verständnisschwierigkeiten bereiten, ebenso die Aussparung „alten" statt „alten Menschen". Die Personalisierung „die Zeit" muss in Entwicklung, Reifung, aber auch Erfahrung übersetzt werden. Überlesen werden könnte, dass Erziehung mit dem Adjektiv „rechtzeitig" versehen wurde; ob Erziehung bedeutsam ist oder nicht, hängt also auch vom Zeitpunkt ab, an dem sie stattfindet. Gefragt werden kann, in welchem Verhältnis „Zeit" („Erfahrung") und „Verstand" stehen.
Erinnerung an lebensweltliche Erfahrungen; Erinnerung an Begriffsbildung im Unterricht Analyse 1: Bedenken von Voraussetzungen, Implikationen	Gegen welches Alltagsverständnis argumentiert der Text?
	Alt = klug; aus Schaden/aus Erfahrung wird man klug;[158] Vorstellung, dass das Vernünftigwerden ein natürlicher Reifungsprozess, Entwicklung oder Erfahrung ist (Differenz von Reifung/Entwicklung, Sozialisation und Erziehung)

---

157 Zit. nach Ladenthin: Philosophie der Bildung. S. 40 (= Fr. 183).
158 Zu „Aus Schaden wird man klug" vgl. Schmidt, Walter: Morgenstund ist ungesund. Unsere Sprichwörter auf dem Prüfstand. Reinbek 2012. S. 17–23.

Analyse 2 Konkretion:	Was ist nach Demokrit das Ziel pädagogischer Prozesse?
	„zum Verstand kommen", also die Gestaltung unserer Welt und des individuellen Lebens nach vernünftigen Überlegungen
Vergleich	Wie kommt man (A) nach Alltagsauffassung „zum Verstand"; wie kommt man (B) nach Auffassung Demokrits „zum Verstand"?
	A: Alltagsauffassung: Reifung/Entwicklung/Erfahrung *B: Demokrits Auffassung: Naturanlage/rechtzeitige (!) Erziehung*
Hypothesenbildung (mit Erinnerung)	Gibt es Gründe anzunehmen, dass „Vernünftigwerden" nicht nur auf Grund von Reifung/Entwicklung und Erfahrung geschieht?
	Rousseau: „So, wie es im Augenblick steht, würde ein nach seiner Geburt völlig sich selbst überlassener Mensch das verbildetste aller Wesen sein. Vorurteile, Autorität, Vorschriften, Beispiel – alle die Einrichtungen der Gesellschaft, in denen wir ertrinken, würden seine Natur ersticken und ihm kein Äquivalent dafür geben. "[159]
	Rousseau[160], Herbart[161] oder Kant[162] hatten die Erfahrung zwar als natürliche, gleichwohl als defizitäre Form der Weltaneignung gedeutet, deren Zufälligkeit durch systematischen Unterricht ergänzt werden muss.

---

159 Rousseau: Emile oder über die Erziehung. S. 107f.

160 Vgl. das Kapitel „Unterricht, als Ergänzung von Erfahrung und Umgang" in: Herbart: Allgemeine Pädagogik. S. 167–172.

161 „Ein Irrtum, der allen Eltern gemeinsam ist, die sich ihrer Einsicht rühmen, ist, daß sie annehmen, ihre Kinder seien von Geburt an vernünftig, und daß sie mit ihnen wie zu vernünftigen Wesen reden, selbst ehe sie noch reden können. Die Vernunft ist das Werkzeug, welches man anzuwenden gedenkt, um sie zu

Wie lässt sich sozialwissenschaftlich erklären, dass ein solcher Gedanke wie der Demokrits im 5. Jh. vor Chr. formuliert und der Überlieferung für würdig befunden wurde – und im 18. Jh. und im 20. Jh. erneut an Bedeutung gewinnt?

Schlussfolgerndes Denken

Welche Gründe kann die Pädagogik anführen, dass es richtig ist, wenn Demokrit zwischen Erziehung und „rechtzeitiger Erziehung" unterscheidet?

Inwiefern müssen *pädagogisches Verhältnis* und *Generationsverhältnis* unterschieden werden?

Was bedeutet eine solche Unterscheidung für das schulische Verhältnis von Lehrer und Schüler?

Was bedeutet eine solche Unterscheidung für das Interesse einer Gesellschaft an Bildung?

Was bedeutet eine solche Unterscheidung, wenn es um „pädagogische Vernunft" geht? Wie würde man eine spöttische Bemerkung Wilhelm Buschs (1832–1908) („Vater werden ist nicht schwer,

---

unterrichten, während doch vielmehr die andern Werkzeuge dazu dienen sollten, jenes zu bilden, und von allen dem Menschen dienlichen Bildungsmitteln gerade die Vernunft dasjenige ist, das er am spätesten und am schwersten erlangt." Julie oder Die neue Héloise. Briefe zweier Liebenden aus einer kleinen Stadt am Fuße der Alpen. Gesammelt und hg. durch Jean-Jacques Rousseau. [1761]. München 1978. S. 584–615. Auch in: Ladenthin: Philosophie der Bildung. S. 133.

162 „Die ersten Eltern geben den Kindern schon ein Beispiel, die Kinder ahmen es nach, und so entwickeln sich einige Naturanlagen. Alle können nicht auf diese Art ausgebildet werden, denn es sind meistens alles nur Gelegenheitsumstände, bei denen die Kinder Beispiele sehen. Vormals hatten die Menschen keinen Begriff einmal von der Vollkommenheit, die die menschliche Natur erreichen kann. Wir selbst sind noch nicht einmal mit diesem Begriffe auf dem reinen. Soviel ist aber gewiß, daß nicht einzelne Menschen, bei aller Bildung ihrer Zöglinge, es dahin bringen können, daß dieselben ihre Bestimmung erreichen. Nicht einzelne Menschen, sondern die Menschengattung soll dahin gelangen." Kant: Über Pädagogik. S. 701f.

> Vater sein dagegen sehr"[163]) nunmehr pädagogisch und sozialpolitisch („Elternbildung") deuten?
>
> Inwiefern entspricht die Äußerung Demokrits dem pädagogischen Ansatz in Summerhill, inwiefern widerspricht sie dem Ansatz?

6.2.4   Erziehungsziele

Die sachlichen, methodischen, technischen und lernpsychologischen Inhalte von Unterricht unterliegen dem Anspruch der Menschwerdung des Menschen, die sich in seinem Handeln realisiert. Handeln ist immer sittlich relevant (vgl. oben den Hinweis auf den kategorischen Imperativ Kants), weil jede Handlung die Würde der eigenen Person und anderer Menschen betrifft. *Jede* (gelernte oder zu lernende) Handlung unterliegt also der Frage, ob sie sittlich ist. Folglich ist jeder Unterrichtsinhalt (und damit jedes sachliche Unterrichtsziel) sittlich relevant.

1. Sittliche Bewertung von Inhalten

Die Themen des Pädagogikunterrichts sind begründet ausgewählt worden; jede Auswahl stellt daher und damit eine Wertentscheidung dar, die begründet, geprüft und auch kritisiert werden kann. Insofern *beanspruchen* zwar alle Themen des Unterrichts Geltung; sie müssen aber diese Geltung auch argumentativ erweisen und nötigenfalls bezweifeln lassen. Verstehen heißt prüfen. Geschieht dieser Prozess zwischen Schüler und Lehrer, dann nennt man ihn „Erziehung" oder „Werterziehung".[164]

Alle lernbaren Inhalte (Wissen und Können) unterliegen dem Anspruch sittlicher Reflexion, die (im Anschluss an die oben stehenden Überlegungen) folgendermaßen operationalisiert auszudifferenzieren wäre:

- Inwiefern sind die zu lernenden pädagogischen Sachverhalte sachlich zu vertreten?
- Wie sind pädagogische Sachverhalte hinsichtlich ihres Beitrages zur Gestaltung einer menschlichen Welt zu bewerten?

---

163 Dieser inzwischen zum Sprichwort gewordene Satz ist der Beginn von Wilhelm Buschs Erziehungssatire „Julchen" (1877). In: Busch, Wilhelm: Gesammelte Werke in sechs Bänden. Hg. u. eingel. v. Hugo Werber. Stuttgart o. J. Bd. IV. S. 169–234.

164 Vgl. die Grundsatzbeiträge in: Ladenthin, Volker; Rekus, Jürgen: Werterziehung als Qualitätsdimension von Schule und Unterricht. Münster 2008.

– Wie sind pädagogische Sachverhalte hinsichtlich ihres Beitrages zur Achtung der menschlichen Würde zu beurteilen?
– Welche Perspektive können die pädagogischen Sachverhalte für ein sinnvolles und gelingendes Leben eröffnen?

> So kann man reflektieren, inwiefern es sinnvoll ist, wenn die heutigen Schülerinnen und Schüler in Deutschland ihre pädagogische Urteilskraft am Beispiel der Pädagogik der DDR erwerben und üben[165] – oder ob es aktuelle oder historische Beispiele gibt, die besser geeignet sind, die Zukunft zu gestalten. Andererseits ist die Pädagogik in der DDR eine wichtige Epoche in der (sich selbst auslegenden) Geschichte der Pädagogik, aber auch der deutschen Identität mit beachtenswerten und kritikwürdigen Aspekten.
>
> Das Thema selbst fordert zum Werten heraus. Der Lehrplan ist also immer Ergebnis von Wertentscheidungen. Er muss daher mit den Schülern im Hinblick auf seine Werthaltung reflektiert werden.

Diese genannten vier Anforderungen beziehen sich nun nicht nur auf die Sachgehalte des Unterrichts, sondern auch auf die sie generierenden Verfahren/Methoden und auf das Denken selbst.

2. Sittliche Bewertung von Methoden

Methoden sollen Erkenntnisse hervorbringen, die man bewerten kann. Sie sollen zweckdienlich sein und sich als Mittel zu einem vorausgesetzten Zweck (der bewertet werden kann) dienlich erweisen. Ihre Güte liegt darin begründet, dass sie das leisten, was sie zu leisten versprechen (z. B. kann man die Frage stellen: „Kann man den Grad von Bildung durch einen Intelligenztest messen?“ – „Kann man Bildung überhaupt messen?“).

Allerdings sind die „zweckdienlichen Mittel“ der Methode nicht gleichwertig, sondern müssen zusätzlich zu ihrer Zweckdienlichkeit auf ihre kulturelle und sittliche Bedeutsamkeit und Rechtfertigung hin befragt werden. Methoden sind daher keineswegs wertneutral, sondern sie fordern zum Werten heraus. Es gibt sittliche und unsittliche Methoden in der Wissenschaft. Hier einige Beispiele, die zur Diskussion anregen:

---

165 Vgl. Bubolz, Georg (Hg.): KURSBUCH Erziehungswissenschaft. Zentralabitur NRW 2017. Berlin 2015. (= https://www.cornelsen.de/bgd/97/83/06/06/51/16/0/9783060651160_x1IN.pdf).

So wäre es sicherlich technisch möglich, Kinder von Geburt an von jeglichen Erziehungspersonen zu isolieren, um so Auskunft darüber zu erhalten, was an Fähigkeiten angeboren und was kulturell erworben ist.[166] Allerdings verbietet sich diese sicherlich technisch mögliche und vielleicht zweckdienliche Forschungsmethode aus sittlichen Gründen. Nur: Wie weit dürfen Experimente dieser Art gehen? Wie bestimmt sich die Grenze?

Mehr noch als diese extremen „Experimente" provozieren Verfahren wie das „Milgram-Experiment" die Frage, ob sie als Forschungsmethode sittlich zu vertreten sind, so dass deren (und vergleichbare) Methoden bewertend im Unterricht thematisiert werden müssen.[167]

So könnte man in der Hirnforschung prüfen, wie das Gehirn reagiert, wenn Probanden durch Lob oder mit Androhung von Strafe lernen, in dem man richtige Antworten mit angenehmer Musik und falsche Antworten mit kleinen Elektrostößen sanktioniert, bzw. ob man das Lernen selbst durch Einleitung von Strom fördern kann.[168]

In der Fachöffentlichkeit wird derzeit diskutiert, ob Sachbücher über Missstände in der familialen Erziehung um der besseren Resonanz willen Sachverhalte übertreiben bzw. mutmaßen dürfen.[169]

Und bezogen auf die Lehrmethode, die sich einer Forschungsmethode bedient: So wäre als methodischer Einfall sicherlich kritisch zu diskutieren, wenn zur Erklärung der Theorie der *Gruppendynamik* eine Gruppe von Schülern eine Aufgabe lösen muss, während der Rest der Lerngruppe dabei zuschaut und herausfindet, wer welche Rolle in der kleineren Gruppe übernimmt.

---

166 Herodot: Historien. Übers. von A. Horneffer und einer Einleitung von W. F. Otto. Stuttgart 1962. S. 99f. (= II, 2ff).

167 Vgl. Schmack, Ernst: Didaktische und methodische Positionen des Pädagogikunterrichts. In: Hülshoff, Rudolf; Schmack, Ernst; Heiland, Helmut (1981): Handbuch Pädagogikunterricht in der Sekundarstufe. Bd. II. Paderborn 1981. S. 67–94.

168 Vgl. Fox, Douglas: Besser denken unter Strom. In: Spectrum der Wissenschaft. 3.5.2011. (=http://www.spektrum.de/news/besser-denken-unter-strom/ 1070550): „Die Stimulation des Hirns mittels Gleichstrom erlebt eine Renaissance: Offenbar fördert sie erheblich das Lernen. Was erreicht man mit ein paar Drähten und einer Neun-Volt-Batterie?"

169 Vgl. unter dieser Perspektive noch einmal die Rezension (zu: Tsokos, Michael; Guddat, Saskia: Deutschland misshandelt seine Kinder. München 2014.) von Elisabeth Helming. Rezension vom 07.03.2014. In: socialnet Rezensio-

3. Sittliche Bewertung von Denkoperationen

Auch Denkoperationen müssen sich unter dem Aspekt von Sittlichkeit befragen lassen. Ist es etwa zu verantworten, wenn die beabsichtigte Humanisierung der Pädagogik mittels Denkoperationen geschieht, die sich nicht formal rechtfertigen lassen oder die Autonomie über das Lernen beschränken? Zum Beispiel Suggestion, NLP, Hypnose, Brain Gym, Suggestopädie oder Konditionierung?[170] So schildert der Roman „Walden two" / „Futurum zwei"[171] die Möglichkeit, durch Unterlaufen von autonomen Vernunftentscheidungen zur Humanisierung der Welt beizutragen.

Es ist auch zu fragen, ob assoziativer Denkstil zu akzeptieren ist, auch wenn einem die Ergebnisse bedenkenswert erscheinen: Zeigt sich Verantwortung für den Inhalt nicht zuallererst in der Verantwortung für die eigene Sprache?[172]

> So erweist z.B. Ellen Keys (1849–1926) Bestseller über „Das Jahrhundert des Kindes"[173] sie als typische Repräsentantin reformpädagogischer Konzepte. Man müsste aber sicher fragen, ob angesichts ihrer Sprache überhaupt von logischen Gedankenoperationen zu sprechen ist und bei ihr nicht „Meinung als Gewalt" auftritt.[174]

*

Zusammenfassung:

Die Überlegungen führen zu vier sittlich relevanten Fragestellungen im Bereich Erziehung, die operationalisiert werden können:

---

nen. (= https://www.socialnet.de/rezensionen/16406.php) Datum des Zugriffs 15.08.2017.

170 Vgl. Terhart, Ewald: Lehr-Lern-Methoden. Weinheim 2005.

171 Skinner, Burrhus F.: Futurum Zwei (Walden Two). Die Vision einer aggressionsfreien Gesellschaft. Reinbek 1978 (u. ö.).

172 Vgl. von Bollnow, Otto Friedrich: Sprache und Erziehung. Stuttgart 1966, (3. Auflage 1979).

173 Key, Ellen: Das Jahrhundert des Kindes. Studien (1900). Autorisierte Übertragung von Francis Marco. Neu herausgegeben mit einem Nachwort von Ulrich Herrmann. Weinheim-Basel 1992. S. 239f.

174 So das Ergebnis nach der Analyse der „Denkfigur" (254) Ellen Keys: Czucka, Eckehard: Ellen Key und „Das Jahrhundert des Kindes". In: Engagement. Zeitschrift für Erziehung und Schule. (1998) H. 4. S. 253–268. Hier S. 264.

Teilaspekte der Erziehung	Fragen
Beachtung der Reichweite der Theorien und sie generierenden Methoden	Wird thematisiert, dass jede pädagogische Konzeption von genau begrenzter Aussagereichweite ist?
Interessengebundenheit des Stoffes	Wird thematisiert, welche Interessen hinter dem vorgestellten pädagogischen Thema/Konzept stehen könnten?
Berücksichtigung der Conditio Humana	Wird thematisiert, inwiefern das Gelernte menschliche Lebensbedingungen beeinflusst, fördert oder zu schädigen vermag?
Berücksichtigung der Würde des Menschen	Wird thematisiert, welche Handlungsoptionen sich aus dem (neuen) Wissen und Können ergeben könnten? Wie wären sie zu bewerten?

Diese vier Fragestellungen im Bereich Erziehung lassen sich an jede Reihenplanung anlegen:

Ein wichtiges Thema im Pädagogikunterricht sind Beschreibung und Bewertung von „Erziehungsstilen"[175].

Nach und bei einer Erarbeitung der Forschung zu diesem Thema und der Ergebnisse stellen sich die erziehungsrelevanten Fragen:[176]
1. Was sind „Möglichkeiten, Grenzen und Folgen" des Wissens um Erziehungsstile?
2. Welche Erklärungen gibt es dafür, dass diese Forschung zu einem bestimmten Zeitpunkt entstanden ist? Welchen Einfluss hat dieses wissenssoziologische Wissen auf den Umgang mit dem Gelernten?
3. Können alltägliche Beispiele hinsichtlich des Erziehungsstils analysiert und behutsam im Hinblick auf Geltung „beurteilt"[177] werden?
4. Stellt sich die Frage nach den persönlichen Konsequenzen im Umgang mit Eltern, Geschwistern, Freunden, in schulischen Situationen angesichts dieses Wissens?

---

175 Vgl. das Kapitel „Erziehungsstile als Muster pädagogischen Handelns". In: Willemsen; Wortmann: Perspektive Pädagogik. S. 57–89.
176 Vgl. den Abschnitt „Urteilskompetenz". In: Willemsen, Wortmann: Perspektive Pädagogik. S. 89.
177 Ebd.

Es wird deutlich, dass ab Frage 2 die pädagogische Institution, in der etwas über institutionelles pädagogisches Handeln gelernt wird, selbst betroffen ist – das Gelernte also Auswirkungen für das *unmittelbare* Handeln hat. Das zeigt noch einmal, wie genau die Grenze zwischen Lernen und Leben, zwischen Handlungs*befähigung* und Handeln eingehalten werden muss.

*

Pädagogikunterricht hat also immer vier Zieldimensionen, die gleichzeitig zu aktualisieren sind:

1) Es geht um fachbezogenes Wissen und Können.
2) Wissen und Können werden immer nur auf methodischem Wege gewonnen, so dass die Methoden selbst gelernt werden müssen, um pädagogisches Denken und Handeln zu lernen.
3) Um Sachverhalte und Methoden verstehen und anwenden zu können, sind bestimmte Techniken, aber auch Denkprozesse nötig, die systematisch geschult werden können.
4) Es geht schließlich um eine Haltung gegenüber Inhalten, Methoden und Denkprozessen.

Eine Zielbeschreibung (auf Sequenzebene) zum Thema „*Mündigkeit* als Zielbegriff pädagogischen Handelns?" könnte wie folgt aussehen:

Inhalt	Kants Begriff der Mündigkeit erläutern und in Verbindung zur Kant'schen Kritik der Erkenntnis (hypothetischer Charakter) und der Sitten (Autonomie) setzen können
Methoden	hermeneutische Verfahren der Textanalyse (close reading); Begriffsanalyse; normenreflektierende Verfahren anwenden und beherrschen
Denkprozesse	Textverstehen; Begriffsbildung; Vergleich, Folgerung, Hypothesenbildung anwenden und üben
Sittliche Reflexion	beurteilen können, inwieweit Kants Begriff der Mündigkeit als Grundlage für das NRW-Schulgesetz angesehen werden kann und welche Folgerungen für das Lehrer-Schüler-Verhältnis daraus gezogen werden können

Im Vorstehenden wurden jene Kategorien und Kriterien benannt, die ein Lehrplan mindestens beachten muss, wenn er dem Anspruch genügen soll, Bildungsprozesse in Schulen auszulösen. Die vorstehenden Überlegungen erfordern weitere Differenzierungen.

4. Schluss

Damit wurden die Grundfragen einer umfassenden didaktischen Analyse gestellt. Die Fragen reichten von der Begründung des pädagogischen Handelns (im Unterschied etwa zum medizinischen, politischen usw. Handeln) bis zur Entwicklung von Kriterien für einen Lehrplan. Damit wurde das Proprium des pädagogischen Handelns bestimmt: Die Aufforderung zur Selbsttätigkeit. Der Wissenschaftscharakter pädagogischen Forschens stellt die Frage nach der Notwendigkeit von Pädagogikunterricht an allgemeinen bildenden Schulen. Es wurde gefragt, wie Inhalte des Pädagogikunterrichts zu legitimieren sind und wie ein komplexer Lehrplan zu erstellen wäre. Schließlich wurde eine Planungshilfe gegeben, indem vier Zieldimensionen des Pädagogikunterrichts ausgewiesen wurden, nämlich Sachwissen, Methodenbeherrschung, Denkschulung und sittliche Urteilskraft. Diese vier Lernzieldimensionen müssen beachtet werden, wenn Pädagogikunterricht dem Ziel entsprechen soll, wie es einerseits die Bildungstheorie andererseits die Landeserfassungen festlegen. Zum Abschluss sei – exemplarisch – das Schulgesetz NRW zitiert, das das oberste Ziel allen Schulunterrichts angibt:

„(1) Die Schule unterrichtet und erzieht junge Menschen auf der Grundlage des Grundgesetzes und der Landesverfassung. Sie verwirklicht die in Artikel 7 der Landesverfassung bestimmten allgemeinen Bildungs- und Erziehungsziele.

(2) Ehrfurcht vor Gott, Achtung vor der Würde des Menschen und Bereitschaft zum sozialen Handeln zu wecken, ist vornehmstes Ziel der Erziehung. Die Jugend soll erzogen werden im Geist der Menschlichkeit, der Demokratie und der Freiheit, zur Duldsamkeit und zur Achtung vor der Überzeugung des anderen, zur Verantwortung für Tiere und die Erhaltung der natürlichen Lebensgrundlagen, in Liebe zu Volk und Heimat, zur Völkergemeinschaft und zur Friedensgesinnung. [...]

(4) Die Schule vermittelt die zur Erfüllung ihres Bildungs- und Erziehungsauftrags erforderlichen Kenntnisse, Fähigkeiten, Fertigkeiten und Werthaltungen und berücksichtigt dabei die individuellen Voraussetzungen der Schülerinnen und Schüler. Sie fördert die Entfaltung der Person, die Selbstständigkeit ihrer Entscheidungen und Handlungen und das Verantwortungsbewusstsein für das Gemeinwohl, die Natur und die Umwelt. Schülerinnen und Schüler werden befähigt, verantwortlich am sozialen, gesellschaftlichen,

wirtschaftlichen, beruflichen, kulturellen und politischen Leben teilzunehmen und ihr eigenes Leben zu gestalten."

Methodik des Pädagogikunterrichts

Im Unterschied zur *Didaktik*, die sich mit Begründung, Auswahl und Anordnung von Inhalten eines bildenden Fachunterrichts beschäftigt, thematisiert die *Methodik* Überlegungen, wie Lehr-Lernprozesse unter dem Anspruch von Bildung zu gestalten sind. Es werden im Folgenden allerdings keine Verfahren für einzelne Unterrichtsstunden empfohlen,[178] sondern Überlegungen dazu angestellt, welchen Ansprüchen alle Methoden oder Verfahren genügen müssen. Ziel des folgenden Kapitels soll es daher sein, die *methodischen* Grundlagen für einen modernen Pädagogikunterricht zu bestimmen.[179]

Nach einer vorläufigen und allgemeinen Definition des *Begriffs der Methode* werden/wird

1) die *Eigenheiten des Unterrichts in der Moderne* (in Abgrenzung zum vormodernen Unterricht) aufgezeigt,
2) das *Verhältnis von Wissenschaft und Unterricht* in der Moderne reflektiert,
3) eine erste *Unterscheidung von Lernmethode und Lehrmethode* vorgenommen,
4) die allgemeinen Überlegungen auf das Fach Erziehungswissenschaft *übertragen* und
5) angesichts des Transfers eine weitere Unterscheidung in *Techniken und Methoden* vorgenommen.

---

178 Vgl. dazu Beyer, Klaus: Planungshilfen für den Fachunterricht. Baltmannsweiler 2004. Ebenso Storck, Christoph; Wortmann, Elmar (Hg.): 40 Ideen für den Pädagogikunterricht. Baltmannsweiler 2007 (= Didactica Nova Bd. 16).

179 Eine ausführlichere Fassung meiner Überlegungen – mit einem umfassenden Beispiel – findet sich in Püttmann, Carsten; Schützenmeister, Jörn (Hg.): Methoden des Pädagogikunterrichts. Münster-New York 2016. S. 23–53.

1.   Bildung und die Eigenheit des Unterrichts in der Moderne

Um die Bedeutung der Methoden im modernen Schulunterricht im Fach Pädagogik zu verstehen, sind eine begriffliche Klärung und ein Rückblick in die Geschichte des Unterrichts hilfreich.

Das heute gebräuchliche Wort „Methode" stammt vom Griechischen „μέθοδος" (mit der Bedeutung „der Weg zu etwas hin") ab. Das im Deutschen erst seit dem 17. Jahrhundert „bezeugte Fremdwort beruht auf einer gelehrten Entlehnung aus *gr.-spätlat.* méthodos ‚Weg oder Gang einer Untersuchung, nach festen Regeln oder Grundsätzen geordnetes Verfahren'"[180]. So werden *Verfahren zur Generierung von Aussagen* (z. B. statistische Verfahren) in den Wissenschaften als „Methoden" bezeichnet, ebenso aber auch die Gestaltung von Prozessen (Methoden der Gesprächsführung; systematische Organisation des Lernens).[181] In diesem (lexikalisch abgesicherten) Sinne soll das Wort *Methode* vorerst verwandt werden.

Wie auch immer pädagogische Interaktionen betrachtet werden, immer wird man – in Abgrenzung zur Sozialisation[182] – eine Unterscheidung finden zwischen einem *zufälligen* und einem absichtsvollen, *intendierten* Lernen. Intendiertes Lernen setzt jemanden voraus, der die *Intention* (Absicht) hat, genau dieses Lernen auszulösen. Die Absicht zu Lehren impliziert, ein *Ziel des Lernens* angeben zu können und darüber zu reflektieren, *wie* dieses Ziel erreicht werden soll. Der Lehrende muss sich Gedanken machen über einen „Weg *zu etwas* hin", zum Ziel des Lernens nämlich – und über den Weg dorthin. Ohne Methodenreflexion gibt es kein intendiertes Lehren und daher auch kein intendiertes Lernen.

Johann Friedrich Herbart (1776–1841) unterscheidet ein Lernen *in Bezug auf Sachverhalte* von einem Lernen *in Bezug auf sittliche Handlungsfähigkeit.* Dieses Lernen kann *zufällig* oder *geplant* sein. *Zufälliges* Lernen in Bezug auf Sachverhalte nennt er „Erfahrung", *zufälliges* Lernen in Bezug auf Sittlichkeit nennt er „Umgang". *Intentionales* Lehren in Bezug auf Sachverhalte nennt er „Unterricht". (Gemeint ist mit Unterricht nicht nur der *Schulunterricht* oder die *Unterrichtsstunde*, sondern jede systematische Art, die einfache alltägliche Erfahrung zu ergänzen und zu erweitern, um zu einem gültigen Wissen oder dauerhaften Können zu gelangen.) *Intentionales* Lehren in Bezug auf Sittlichkeit nennt er „Erziehung".

---

180 Duden: Etymologie. Herkunftswörterbuch. Mannheim-Wien-Zürich 1963. S. 438 („Methode").
181 Kleines Philosophisches Wörterbuch. Hg. v. Max Müller und Alois Halder. Freiburg-Basel-Wien 1980 (8. Aufl.). S. 174.
182 Vgl. im vorigen Kapitel die Fußnoten 42, 53 u. 54.

	zufällig	*geplant*
Sachlichkeit	Erfahrung	Unterricht
Sittlichkeit	Umgang	Erziehung

„Erfahrung und Umgang" bedürfen seiner Auffassung nach, wegen ihrer inakzeptablen Zufälligkeit und Beliebigkeit, immer (d.h. prinzipiell) der *„Ergänzung"* durch Unterricht und Erziehung.[183] Dabei können Unterricht und Erziehung wohl unterschieden, nicht aber getrennt werden. Im Anschluss an Herbart spricht man daher vom „Erziehenden Unterricht"[184].

Unter *Erziehendem Unterricht* versteht man die absichtsvolle, planmäßige, sachbezogene und deshalb vernunftgeleitete Aufforderung zur sachlichen und sittlichen Auseinandersetzung mit der Welt (in zumeist institutionalisierter Form).

Sachbezogenes Wissen und Können stehen dabei unter dem, was die Philosophie „Geltungsanspruch" nennt:[185] Es soll nicht nur *irgendetwas* gelernt, also z. B. gewusst und gekonnt werden, sondern etwas (1) Bestimmtes und (2) Gültiges. Gültig im Hinblick auf Wissen und Können ist etwas, wenn es sich an der der regulativen Idee der Wahrheit und der sittlichen Idee des humanen Gelingens[186] orientiert.

Geschichtlich betrachtet wurde der Geltungsanspruch (also der Anspruch, Wissen als gültiges Wissen auszuweisen, damit es intersubjektiv gilt) auf unterschiedliche Weise eingelöst,[187] ebenso wie das Unterfangen, zum Erwerb dieses Wissens aufzufordern.[188]

---

183 Vgl. das Kapitel „Unterricht, als Ergänzung von Erfahrung und Umgang" in: Herbart, Johann Friedrich: Allgemeine Pädagogik, aus dem Zweck der Erziehung abgeleitet (1806). In: Ders.: Pädagogische Schriften. Hg. v. Friedrich Bartholomäi. (6. Aufl., neu bearbeitet und mit Erläuterungen versehen von Ernst von Sallwürk) Bd. I. Langensalza 1896. S. 113–278. Hier S. 167–172.

184 Vgl. Schilmöller, Reinhard: Erziehender Unterricht als Problem und Aufgabe. In: Vierteljahrsschrift für wissenschaftliche Pädagogik 70 (1994) H. 3. S. 344–357.

185 Vgl. Kleines Philosophisches Wörterbuch. Hg. Müller/ Halder. S. 97.

186 Vgl. Ladenthin, Volker: Werterziehung im Pädagogikunterricht. In: Pädagogik-Unterricht. 25 (2005) H. 4. S. 2–9.

187 Vgl. Habermas, Jürgen: Wahrheitstheorien (1972). In: Ders.: Vorstudien und Ergänzungen zur Theorie des kommunikativen Handelns. Frankfurt/M. 1984. S. 127–183.

188 Vgl. etwa: Mugerauer, Roland: Sokratische Pädagogik. Ein Beitrag zur Frage nach dem Proprium des platonisch-sokratischen Dialoges. Marburg 2011 (2., verbesserte Aufl.).

In der *Antike* z. B. beanspruchte jenes Wissen Geltung, das von Autoritäten stammte und deshalb überliefert („tradiert") wurde („die kanonischen Schriften"). Als gültig wurde weiterhin *Wissen aus eigener Erfahrung* angesehen (Beispiel: Xenophon (ca. 425– nach 355) – Erfahrungen mit einem als erinnerungswürdig beurteilten Lehrmeister[189]) und jenes Wissen, das aus der *Sammlung von fremden Erfahrungen* bestand (Beispiel: Herodot (ca. 490–424): Historien[190] (griechisch ἱστορίαι/ historíai eigentlich: „Erkundungen", „Erkundigungen") – mit Berichten über Erziehungspraktiken anderer Länder). Als gültig galt schließlich das Philosophieren, das auf methodische Weise über das mögliche pädagogische Wissen reflektierte (Aristoteles (384–322)[191]).

Bis zur europäischen Neuzeit wurden für die meisten Menschen Wissen und Können *lebensweltlich* an die nächste Generation weitergegeben (vgl. Kap. 1). Zwar gab es sowohl in der Antike als auch im Mittelalter Schulen, aber sie wurden nur von einer Minderheit der Gesellschaft besucht. Die meisten Kinder der nachwachsenden Generation waren *in* die Lebensprozesse der älteren Generation so eingebunden, dass sie vorrangig beim *Ausüben* von Tätigkeiten diese *einübten*. Dies geschah entweder so, dass die Kinder im Arbeitsprozess von Beginn an selbst produktiv mitarbeiteten – also etwa bei der bäuerlichen Arbeit die vollzogene Arbeit (intuitiv) *nachahmten* (beiläufig lernten) – oder *während* dieser Arbeit explizit angeleitet und ausgebildet wurden – eben in der handwerklichen Arbeit auf dem Weg vom Lehrling über den Gesellen zum Meister. Die meisten Kinder lernten in den vormodernen Gesellschaften ihr Leben gut zu leben, indem sie an den beruflichen Tätigkeiten der älteren Generation *teilnahmen*, und zwar *mitarbeitend* teilnahmen. Erst mit der Einführung einer „Schulpflicht" ging diese Form des teilnehmenden Lernens als *vorherrschende* Lernform[192] des größten Teiles

---

189 Xenophon: Erinnerungen an Sokrates. Griechisch-deutsch. Übers. u. hg. v. Peter Jaerisch, m. Literaturhinweisen v. Rainer Nickel. Düsseldorf-Zürich 2003.

190 Herodot: Historien. Deutsche Gesamtausgabe. Übers. v. August Horneffer. Neu hg. u. erl. v. Hans Wilhelm Haussig. Mit einer Einleitung von Walter Friedrich Gustav Hermann Otto. Stuttgart 1963 (3. Aufl.).

191 Aristoteles: Politik. Nach der Übersetzung von Franz Susemihl bearbeitet mit Nummerierungen, Gliederungen und Anmerkungen hg. v. Nelly Tsouyopoulos u. Ernesto Grassi. O.O. (Hamburg) 1965 – mit explizit pädagogischen Schluss-Kapiteln. Vgl. die Zusammenstellung: Braun, Edmund (Hg.): Aristoteles und die Paideia. Hg. u. übers. von Edmund Braun. Paderborn 1974. Vgl. auch: Plutarch: Tugend ist lehrbar. In: Ders.: Von der Ruhe des Gemütes, und andere philosophische Schriften. Übertragen und eingel. von Bruno Snell. Zürich 1948. S. 46–48.

192 Vgl. Marrou, Henri-Irénée: Geschichte der Erziehung im klassischen Altertum. Hg. v. Richard Harder. Freiburg-München 1957. S. 339f.

einer Gesellschaft zurück, und zwar in dem Maße, wie sich die Schulpflicht durchsetzte.

Das Ziel der *beiläufig oder systematisch lernenden Teilnahme* war es, vorgegebene *Zwecke* erreichen zu können und schließlich, die Einpassung der nachwachsenden Generation in die als unveränderlich gedachte Gesellschaft sicherzustellen. Dabei wurde der einzelne Mensch als *Mittel* zum Erreichen dieser von außen gesetzten Zwecke betrachtet. Die nachwachsende Generation sollte einst die Positionen, die jetzt noch von der älteren Generation eingenommen wurden, exakt ersetzen können. Konzepte wie der theologische Ordogedanke,[193] aber auch die reale Gesetzeslage, Städteordnungen, Zunftordnungen, Gildenordnungen, kurz das gesamte juristische und soziale System einer Ständegesellschaft sorgten dafür, dass diese *Zwecke* eindeutig bestimmt, sozialphilosophisch oder religiös (letzt-)begründet waren und organisatorisch – und unter der Androhung von massiven Sanktionen – durchgesetzt wurden: Das „Dasein wird durch einen unbewußten, der Gemeinschaft innewohnenden, von innen her wirkenden Gesamtgeist beherrscht"[194]. Es war das Bildungssystem in sogenannten *geschlossenen Gesellschaften*[195] (die Soziologie spricht heute von *vormodernen* oder *kalten* Kulturen[196]), in denen eine vorab festgelegte *Zweckbestimmung* des Menschen – seine Eingliederung in und seine Unterordnung unter den umfassend begründeten Ordo – das Ziel von allen Bildungsprozessen bestimmte. So schreibt Aristoteles (384–322): „Außerdem aber muß man auch nicht glauben, daß irgendein Bürger sich selbst gehört, sondern daß alle dem Staat angehören, denn jeder ist ein Glied des Staates; die naturgemäße Sorge für das einzelne Glied aber ist immer nur diejenige, welche dabei die für das Ganze im Auge hat"[197].

---

193 Vgl. „Wie viel wirkungsvoller [...] ist es, aus den sichtbaren Dingen die Überzeugung von der guten Ordnung der Welt zu gewinnen und ihren Schöpfer, den einen der einen Welt, zu verehren, die ganz mit sich selbst zusammenstimmt und deshalb nicht das Werk von vielen Schöpfern sein kann: wie es auch nicht denkbar ist, dass sie von vielen Seelen, die den gesamten Himmel bewegen müßten, zusammengehalten werde (...)." Aus: Origenes: Acht Bücher gegen Celsus. Aus dem Griechischen übersetzt von Paul Koetschau. München 1926. (= Bibliothek der Kirchenväter, 1. Reihe, Bd. 52). I, 23.

194 Seidlmayer, Michael: Das Mittelalter. Göttingen 1967. S. 9. Vgl. auch Ullman, Walter: Individuum und Gesellschaft im Mittelalter. Göttingen 1974.

195 Der Begriff ist hier als Kontrastbegriff zu dem Begriff „Offene Gesellschaft" von Karl Popper gewählt worden.

196 Lévi-Strauss, Claude: Das wilde Denken. Frankfurt 1981 (4. Aufl.).

197 Aristoteles: Politik. S. 268 (= VIII, 1). Auch in Ladenthin, Volker (Hg.): Philosophie der Bildung. Bonn 2012. (2. Aufl.). S. 67–79. Hier S. 76.

Diese Zweckbestimmung des Menschen wurde mit Beginn der Wissenschaften und der politisch-sozialen Autonomiebestrebungen grundlegend gestört. Um dieses Spezifikum der Neuzeit aufzuzeigen, wies etwa der italienische Rhetoriker und Philosoph Gian Battista Vico (1668–1744) darauf hin, „daß die Künste und Wissenschaften, welche die [antike, V.L.] Philosophie allein gewissermaßen mit einem *einzigen* Geisteshauch erfüllt und zusammengehalten hatte, heute getrennt und *zersplittert*"[198] seien. Daher *kann* das Ziel von Bildungsprozessen von nun an nicht mehr darin liegen, die nachwachsende Generation zu bewegen, die von der älteren Generation vorgegebenen Zwecke anzuerkennen – denn diese Zwecke *können* nicht mehr intersubjektiv begründet werden. Rousseau (1712–1778) schreibt in Abgrenzung vom antiken, nämlich teleologischen Modell: „Eine öffentliche Erziehung existiert nicht mehr und kann auch nicht mehr existieren. Denn wo kein Vaterland mehr ist, kann es auch keine Staatsbürger mehr geben. Diese beiden Worte: Vaterland und Staatsbürger müssen aus den modernen Sprachen gestrichen werden."[199] Nicht nur Vaterland und Staatsbürger, alle Kollektivbegriffe, die einen Zweck schulischen Lernens angeben wollen, sind *willkürliche* Festlegungen und *widersprechen* dem Gedanken der Bildung (das ist spätestens seit Comenius (1592–1670) Konsens in der Bildungstheorie[200]). Es gibt keine Zweckbestimmung des Menschen, keine Einheitsvorstellung über die Wirklichkeit, die intersubjektiv anerkannt wird. Daher muss die nachfolgende Generation nunmehr lernen, sich angesichts eines „zersplitterten", also mannigfaltigen und nicht mehr durch einen Zweck gebundenen Wissens der

---

198 Vico, Gian Battista: De nostri temporis studiorum ratione/Vom Wesen und Weg der geistigen Bildung (1708). Übertr. v. Walter Friedrich Gustav Hermann Otto, mit einem Nachwort von Carl Friedrich von Weizsäcker u. einem erl. Anhang von Fritz Schalk. Godesberg 1947. S. 146f. Hervorheb. u. Ergänz. v. mir, V. L.

199 Rousseau, Jean-Jacques: Emile oder über die Erziehung. Hg. v. Martin Rang. Stuttgart 1963 u. ö. S. 114.

200 Vgl. Comenius, Johann Amos: Große Didaktik. Übers. u. hg. v. Andreas Flitner, Düsseldorf, München 1960. (2. Aufl.) S. 56 (= Kap. IX): „Daß bei Gott kein Ansehen der Person gilt, hat er selbst oft kundgetan. Wenn wir also zu solcher Wartung des Geistes nur einige zulassen, andere aber ausschließen, sind wir ungerecht nicht nur gegen die, welche an der gleichen Natur wie wir teilhaben, sondern gegen Gott selbst, der von *allen*, denen er sein Bild aufgeprägt hat, erkannt, geliebt und gepriesen sein will. […] Zudem wissen wir nicht, zu welchem Nutzen die göttliche Vorsehung diesen oder jenen bestimmt hat. Soviel nur ist gewiß, daß Gott zuweilen die Ärmsten, Niedrigsten und Unbekanntesten als die wichtigsten Werkzeuge seines Ruhmes verwendet. Laßt es uns also der Sonne am Himmel gleichtun, welche die *ganze* Erde erleuchtet, durchwärmt und belebt, so daß alles, was leben, grünen, blühen und Frucht tragen kann, wirklich lebt, grünt, blüht und Frucht trägt…"

älteren Generation selbst Zwecke setzen zu können. Als Grundsatz hierfür gilt: „Handle so, daß du die Menschheit sowohl in deiner Person, als auch in der Person eines jeden anderen jederzeit zugleich als Zweck, niemals bloß als Mittel brauchest"[201].

Diese beiden grundlegend unterschiedlichen Bestimmungen des Menschen in der Vormoderne und in der Moderne haben nun unmittelbare Folgen für die Gestaltung der zentralen didaktischen Kategorien des Unterrichts, nämlich für die Auswahl der Inhalte, die Methoden, Medien und Evaluationsformen – wobei die folgenden Überlegungen sich auf die Methoden konzentrieren werden und die anderen Aspekte nur der Vollständigkeit halber kurz erwähnen werden.

Inhalte

Die *Inhalte* wurden *in der vormodernen Zeit* zumeist entweder durch die Tradition oder durch die Lebenswelt bestimmt: Gelernt wurde, was als Kanon ausgewiesen wurde (die Sieben Freien Künste)[202] oder aber zur Bewältigung des Lebens unmittelbar notwendig und sozial anerkannt war.

Es ist angesichts der oben getroffenen Unterscheidung zwischen vormoderner und moderner Bildungstheorie nachvollziehbar, dass diese Üblichkeiten *in der Moderne* nicht geeignet wären, um Unterrichtsinhalte zu legitimieren. Denn die Tradition und das gelebte Leben sollen nunmehr von der nachfolgenden Generation gerade nicht einfach übernommen werden, sondern vielmehr künftig verbessert („Fortschritt") und d.h. selbst erst noch begründet und dann gestaltet werden („Freiheit"). Die Inhalte des Unterrichts müssen deshalb so gewählt werden, dass sie die nunmehr notwendige Selbstbestimmung („Demokratie") ermöglichen.

Ein Lehrplan müsste daher *ohne* vorab oder teleologisch bestimmte Interessen („Vaterland", sagt Rousseau stellvertretend für *alle* denkbaren Zweckbestimmungen) so gestaltet sein, dass eine freie Lebensgestaltung (also das eigenständige Setzen von Zwecken) möglich wird. Der Lehrplan dürfte keine von der vorgängigen Generation unter Annahme ewiger Zwecke bestimmte *Auswahl* enthalten (wie es seit der Antike üblich war), sondern müsste die gesamte Mannigfaltigkeit beinhalten, kurz „Alles" – wie Comenius es ausdrückte. Denn nur wenn „alle Alles gelehrt" wurde, ist gewährleistet, dass

---

201 Kant, Immanuel: Grundlegung zur Metaphysik der Sitten. (1785) In: Ders.: Werke in zehn Bänden. Hg. v. Wilhelm Weischedel. Bd. VI. Darmstadt 1983. S. B/A 67.

202 Umfassende Darstellung bei Dolch, Josef: Lehrplan des Abendlandes. Zweieinhalb Jahrtausende seiner Geschichte. Ratingen 1959. (2. Auflage 1966; 3. Auflage 1971).

die nachfolgende Generation wirklich frei, d.h. vernünftig bestimmen kann, wie sie künftig ihr eigenes Leben und die Welt gestalten will.

Natürlich ist sofort einzuwenden, dass zwar alles gelehrt werden *müsste*, damit die nachfolgende Generation lernt, selbstbestimmt zu handeln, aber faktisch nicht alles gelehrt werden *kann*, weil die Lernzeit begrenzt ist. So führt Comenius aus:

„Wir müssen nunmehr zeigen, daß in den Schulen *alle alles* gelehrt werden müssen. Das ist jedoch nicht so zu verstehen, daß wir von allen die Kenntnis aller Wissenschaften und Künste (und gar eine genaue und tiefe Kenntnis) verlangten. Das ist weder an sich nützlich noch bei der Kürze unseres Lebens irgend jemandem überhaupt möglich. Sehen wir doch, daß jede Kunst so weit und fein verzweigt ist – man denke nur an die Physik, die Arithmetik, die Geometrie, die Astronomie oder auch an Ackerbau, Baumzucht usw. – daß sie von jemandem auch mit besten Anlagen das ganze Leben in Anspruch nehmen kann, wenn er sie mit Theorie und Experiment ergründen will. [...] Aber über Grundlagen, Ursachen und Zwecke der wichtigsten Tatsachen und Ereignisse müssen *alle* belehrt werden, die nicht nur als Zuschauer, sondern auch als künftig Handelnde in die Welt eintreten."[203]

Der Unterricht kann dann seinem Anspruch genügen, alle *alles* zu lehren, wenn er sich auf „Grundlagen, Ursachen und Zwecke"[204] konzentriert. Unterricht muss die Geltungsgründe erarbeiten, nicht die faktischen Einzelheiten nennen. Die ändern sich eh. Was sich nicht ändert, sind die Geltungsgründe. Damit ist die Idee des modernen, offenen Unterrichts begründet.

Was sind nun *Grundlagen*, *Ursachen* und *Zwecke* des Wissens? In der Moderne klären *allein* die Wissenschaften über *Grundlagen* und *Ursachen allen* Wissens auf (und die Ethik behandelt die möglichen Zwecke – was hier nicht thematisiert werden soll). Kant (1724–1804) hat dies zu Beginn des wissenschaftlichen Zeitalters formuliert: Die Wissenschaften „begriffen, daß die Vernunft nur das einsieht, was sie selbst nach ihrem Entwurfe hervorbringt, daß sie mit Prinzipien ihrer Urteile nach beständigen Gesetzen

---

203 Comenius: Große Didaktik. S. 58f. (= Kap. X, 1). Auch in: Ladenthin (Hg.): Philosophie der Bildung. S. 108–128. Hier S. 126.

204 Im Original: „Sed ut omnium principalium, quae sunt et fiunt, fundamenta, rationes, metas notare doceantur omnes, quiccunque in mundum, non solum ut spectatores, sed etiam ut actores futuri immittuntur." (Comenii „Magna Didactica", ex editione Amstelodamensi anni 1657 omnes libros didactios complectente, nunc primum separatim edidit Fridericus Carolus Hultgren, Lipsia 1894. S. 63 = Cap. X, 1).

vorangehen und die Natur nötigen müsse, auf ihre Fragen zu antworten"[205]. Die Methode („beständige Gesetze") bezeichnet „Verfahrensvorschriften", mit Hilfe derer das „(I)nteressierende und zu (U)ntersuchende" aus der unstrukturierten Mannigfaltigkeit („Bedeutungsfülle") erkannt wird. Die Wissenschaften benennen nicht Bekanntes (dann bräuchte man sie nicht!). Sondern *erst* die wissenschaftlichen Methoden *konstituieren* den Gegenstand, seien es nun empirische Methoden (vgl. Karl Raimund Popper (1902–1994) und die „Scheinwerfertheorie"[206]) oder hermeneutische (vgl. Hans-Georg Gadamer (1900–2002) und den Universalitätsanspruch des hermeneutischen Verfahrens[207]). „Methodologien" reflektieren dabei über die Voraussetzungen von wissenschaftlichen Methoden und legitimieren diese.

Die Wissenschaften *fächern* sich auf; die „Fächer" haben spezifische Interessen, Inhalte und Methoden. Daher kann es in der Moderne keinen ganzheitlichen Ausbildungsplan, ja nicht einmal einen ganzheitlichen Lehrplan geben, sondern nur einen, der nach Fächern aufgespalten ist („zersplittert", wie Vico sagte).[208] Die Medizin hat ein anderes Erkenntnisinteresse und benötigt daher auch andere Methoden, um zu relevanten medizinischen, unter Wahrheitsanspruch stehenden Aussagen zu gelangen, als etwa die Literaturwissenschaft. Die Wissenschaften sind *zersplittert, gefächert.*

In der Moderne kann also „Lebensfähigkeit" selbst nicht gelehrt werden; vielmehr ist die Befähigung zur „Lebensbewältigung" („Bildung") an den systematischen Erwerb

1. des Wissens um die Ziele und Grenzen der Wissenschaften,
2. der jeweiligen fachspezifischen Inhalte und
3. der jeweiligen fachspezifischen Methoden

gebunden. Aus den Fachwissenschaften, weder aus einzelnen noch aus ihrer Gesamtheit, *ergibt* sich aber noch kein sinnvoller Lebenszusammenhang. Fachwissenschaften haben zwar Zwecke, aber wozu diese Zwecke gut sind und wie sie gegeneinander abzuwägen sind, ist den einzelnen Fachwissenschaften nicht zu entnehmen. So kann die Physik erklären, wie aus der Kern-

---

205 Kant, Immanuel: Kritik der reinen Vernunft. (Vorrede zur zweiten Auflage) In: Ders.: Werke in zehn Bänden. Herausgegeben von Wilhelm Weischedel. Bd. III. Darmstadt 1983. S. 23f. (=B XIII).

206 Popper, Karl Raimund: Die offene Gesellschaft und ihre Feinde. München 1980 u. ö. S. 322f.

207 Gadamer, Hans-Georg: Die Universalität des hermeneutischen Problems (1966). In: Grondin, Jean (Hg.): Gadamer Lesebuch. Tübingen 1992 (3. Aufl.). S. 58–70.

208 Vgl. den Artikel „Fach-Unterricht" in: Rekus, Jürgen; Mikhail, Thomas: Neues schulpädagogisches Wörterbuch. (Neuausgabe) Weinheim und Basel 2013. S. 107–113.

spaltung Energie zu gewinnen wäre; ob aber Atomkraftwerke gebaut werden sollen, ist allein physikalisch nicht zu entscheiden. Keine einzelne Fachwissenschaft und auch nicht alle zusammen (und daher auch kein einzelnes Schulfach oder alle Schulfächer zusammen) geben Auskunft über den letzten Zweck unseres Handelns. Diesen letzten Zweck („Sinn") muss der Einzelne, im Gang durch die hierzu nötigen Wissenschaften, selbst hervorbringen. Diese letzte Fähigkeit (mitsamt ihrer Implikationen) umschreibt die deutsche Sprache mit dem Wort „Bildung" – wobei das Konzept universal ist.[209]

Methoden

Wenn sich das Wissen der Moderne von dem der Vormoderne unterscheidet, so ist zu vermuten, dass sich auch die Unterrichtsmethoden der Moderne von denen der Vormoderne unterscheiden. Unter dem Aspekt der Anpassung an den gegebenen oder vorgegebenen Idealzustand („Zweck") stellten hauptsächlich Mitmachen, Nachmachen und Memorieren die *Lernformen* der Vormoderne und das Machen, das Vormachen bzw. die Aufforderung zum Mitmachen, Nachmachen und Memorieren die üblichen *Lehrformen* der Vormoderne dar. Unter den Bedingungen der Moderne *müssen* sich legitimierbare Unterrichtsmethoden auf den Grundgedanken beziehen, dass der jeweilige Gegenstand selbst zu erkennen bzw. selbst zu denken ist. Nicht der Inhalt, sondern die sachlich-sittliche Hervorbringung von Inhalten ist das Lernziel des Erziehenden Unterrichts.

Da jeder Lerngegenstand zudem wissenschaftlich abgesichert sein muss, kann die Aufforderung zum Erkennen *nur* im Medium einer Fachwissenschaft bzw. eines Faches erfolgen: Erkenntnisse z. B. über die Laufbahn von Planeten werden im Physikunterricht nicht durch die Lektüre von Gedichten über den Mond gewonnen, sondern durch Installation und dem Auswerten von Messungen. Im Deutschunterricht hingegen wird nicht empirisch überprüft, ob der Mond „aufgeht", sondern was es bedeutet, wenn Matthias Claudius (1740–1815) ein lyrisches Ich so sprechen lässt, als wäre der Mond aufgegangen. In der Pädagogik werden Erkenntnisse nicht durch Weitergabe von Erziehungstipps (zum Beispiel in Sprichwörtern[210]) gewonnen, sondern dadurch, dass Prinzipien pädagogischen Handelns begründet werden und die Lernenden so befähigt werden, angesichts dieser Prinzipien eigenständig nach Lösungen zu suchen.

---

209 Vgl. Böhm, Winfried: Was heißt Bildung? Über eine Grundidee der abendländischen Kultur. In: Kropač, Ulrich; Pittrof, Thomas (Hg.): Bildung und Univers(al)ität. St. Ottilien 2015. S. 23–53.
210 Schmidt, Walter: Solange du deine Füße …: Was Erziehungsfloskeln über uns verraten. Köln 2014.

Medien

Um einen kurzen Ausblick auf die Medien zu geben: In der Vormoderne waren entweder die alltäglichen Gegenstände Medien oder aber solche, die die Anpassungs- bzw. Memoriervorgänge erleichterten oder beschleunigten. Lernen war also immer der Ernstfall an den Gegenständen des Alltags, nicht die aufs Lernen gerichtete Erprobung von Fähigkeiten an Modellen von Wirklichkeit (= Medien). Erst mit der Auffassung, dass Lernen ein methodisches Konstruieren ist, entstehen spezifische Lehr- und Lernmedien.

Leistungsmessung und Evaluation

Da es im pädagogischen Handeln der Vormoderne darum ging, die nachwachsende Generation an den Status quo anzupassen bzw. in die als ewig angesehene Seinsordnung einzugliedern, erfolgte die Überprüfung des Gelernten im alltäglichen Handeln – also bereits *während* der Lernsituation. Es wurden keine Prüfungen angesetzt, sondern die Befähigung der Lernenden sollte und konnte sich in den lebensnotwendigen alltäglichen Handlungen zeigen: Ein guter Kuhhirte ist, wer die Kühe täglich richtig hütet. Ein guter Tischler ist, wer einen brauchbaren Tisch zimmern kann. Aristoteles schreibt: Durch „Bauen werden wir Baumeister und durch Kitharaspielen Kitharisten. Ebenso werden wir gerecht, indem wir gerecht handeln, besonnen durch besonnenes, tapfer durch tapferes Handeln."[211] Und der Erfolg zeigt sich im Alltag: „(…) wenn sie gut bauen, werden sie gute Baumeister, wenn schlecht, dann schlechte."[212]

	Vormoderne Pädagogik	*Moderne Pädagogik*
Ziel	Vorgegebene Zwecke erreichen können	Selbstbestimmung (Fähigkeit, selbst Zwecke setzen und erreichen zu können)
Inhalt	Lebenswelt/Tradition	Fachspezifisch
Methode	Nachahmen/Memorieren	Erkennen können
Medien	Alltagsgegenstände	Didaktisch aufbereitetes Material (Lernmedien)
Lernerfolgskontrolle	Handeln im Alltag	aus dem Alltag ausgegrenzte Überprüfungsverfahren

---

211 Aristoteles: Nikomachische Ethik. Übers. u. hg. v. Olof Gigon. München. S. 81f. (II, 1) (= 1103 a 30).
212 Aristoteles: Nikomachische Ethik. S. 82. (II, 1) (= 1103 b 10).

2. Das Verhältnis von Wissenschaft und Unterricht

Mit Hilfe dieser Beschreibung von Strukturen vormoderner und moderner Bildungsprozesse, kann nun versucht werden, die *methodischen Besonderheiten des Pädagogikunterrichts* näher zu erfassen.

Voraussetzung allen modernen Unterrichts – von der Vorschule bis zur Universität oder Weiterbildung – ist seine Wissenschaftsbedingtheit. In diesem Sinne kann Dietrich Benner (*1941) zusammenfassen: „Als ‚Revolution der Denkart‘ bezeichnet Kant die sich seit der Renaissance vollziehende Veränderung der Naturforschung durch Einführung einer rechnenden Naturwissenschaft. […] [Dieser] zufolge *konstituiert sich Lernen und Lehren* nicht mehr durch Nachahmung der vorgegebenen Ordnung der Welt, sondern durch Fragen, die hypothetisch entworfen und an durch sie konstituierten Erfahrungen überprüft werden.“[213] Dabei legitimiert jedes wissenschaftliche Fach in einer Metatheorie („Methodik“), welche Methoden gültig sind – und welche nicht.

Diese Voraussetzung hat – wie Benner schreibt – Folgen für jedes „Lehren und Lernen“ – also auch für den schulischen Unterricht. Jedes Unterrichtsfach ist nunmehr *zwingend* auf die in der Bezugswissenschaft gültigen Methoden verwiesen. Dabei sind drei Formen des Verhältnisses von Unterricht und Wissenschaft zu unterscheiden:

- In einem ersten Verständnis dürfen Unterrichtsinhalte, wenn sie bildend sein sollen, wissenschaftlichen Ergebnissen *nicht widersprechen*: So würde man einem kleinen Kind den unkontrollierten Zugriff auf Süßigkeiten nicht mit dem Argument verbieten, dass der Vater sonst böse werde. Vielmehr würde die erziehende Unterweisung erklären, dass Eltern auf Grund von Wissen und Erfahrung sich besser um die Gesundheit eines Kindes sorgen könnten, als dieses selbst. Die zugrundeliegende pädagogische Einsicht lautet: Normen werden nicht auf Grundlage sozialer oder psychologischer Verhältnisse begründet, sondern durch sachhaltige und wertbezogene Aussagen.
- In einem zweiten Verständnis können Unterrichtsinhalte mit den in den Bezugswissenschaften üblichen Methoden erarbeitet werden. Pädagogische Maximen, wie sie etwa die „Reggio“-Pädagogik[214] aufstellt, wür-

---

213 Benner, Dietrich: Allgemeine Pädagogik. Eine systematisch-problemgeschichtliche Einführung in die Grundstruktur pädagogischen Denkens und Handelns. Weinheim-Basel 2012 (7. Aufl.). S. 240. Hervorheb. v. mir, V. L.

214 Ministerium für Schule und Weiterbildung des Landes Nordrhein-Westfalen (Hg.): Vorgaben für die Abiturprüfung in den Bildungsgängen des Berufskollegs Anlagen D 1 – D 28 im Jahr 2016/ Profil bildender Leistungskurs „Konzeptionelle und institutionelle Entwürfe pädagogischen Handelns (…) – Reformpä-

de man nicht als tatsächliche Vorschrift für das eigene Handeln lehren, sondern so, dass die Regeln benannt und die Voraussetzungen sowie Implikationen an authentischen Texten so herausgearbeitet werden, wie es *analog* die Wissenschaft auch macht.
– In einem dritten Verständnis schließlich kann der Unterricht *Vorbereitung* auf die Wissenschaft (Propädeutik) sein. So werden in „Facharbeiten" kleine Untersuchungsaufgaben gestellt, die von den Schülerinnen und Schülern selbständig erarbeitet werden müssen.

Nun lassen sich Verfahren zur Gewinnung von Erkenntnissen nicht gleichzeitig als Lehrverfahren nutzen … zudem sollen diese Verfahren ja erst noch gelernt werden. Wenn etwa die Zellstruktur pflanzlichen Materials dadurch erkannt werden soll, dass man ein Pflanzenpräparat durch ein Mikroskop anschaut, so kann der Lernende nicht wissen, dass man so verfährt – sonst bräuchte er es nicht zu lernen. Vielmehr muss der Lehrende den *Anstoß* geben, diese Wissenschaftsmethode anzuwenden. Oder: Die Frage, ob Anlage oder Umwelt den Menschen bestimmen, stellt sich nicht von alleine, sondern muss vorbereitet und als Erkenntnisaufgabe *gestellt* werden.

---

dagogische Konzepte: Menschenbilder, pädagogische Entwürfe, Bedeutung für die Gegenwart – an den Beispielen von Janusz Korczak, Loris Malaguzzi (Reggio-Pädagogik)" (=https://www.google.de/?gws_rd=ssl#q=nrw+abitur+reggio+p%C3%A4dagogik) Abruf am 11.06.2015.

3. Die Differenz von Lernmethode und Lehrmethode

Offensichtlich muss man im Unterricht zwei Methoden unterscheiden. Jene, mit denen man einen Gegenstand erkennt (durchs Mikroskop schauen) und jene, mit denen man die Schüler systematisch auffordert, eben dies zu tun („Schaut doch mal durchs Mikroskop, ich habe da etwas vorbereitet!").

Die moderne Unterrichtstheorie muss also unterscheiden zwischen Lernmethoden (Fachmethoden) und Lehrmethoden.
1. Fachmethoden sind jene, mit denen Inhalte begründet generiert werden.
2. Lehrmethoden sind jene, mit denen die Lernenden dazu aufgefordert werden, Fachmethoden anzuwenden.

Jeder Unterricht besteht daher immer aus zwei grundlegenden Methoden: Aus der Fachmethode (des Schülers) und aus der Aufforderung (des Lehrers), die Fachmethode anzuwenden.

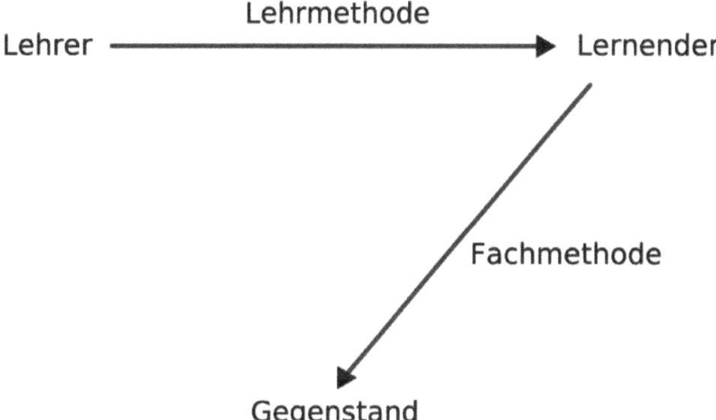

Diesen Zusammenhang von Unterricht und Wissenschaft hat besonders Alfred Petzelt (1886–1967) im Hinblick auf die Methoden im Unterricht aufgezeigt. Unterrichtsplanung müsse von der Methode ausgehen, mit der der Gegenstand (wissenschaftskonform) konstituiert wird. Es gibt nicht eine wissenschaftliche *und* eine pädagogische Rechtschreibung, sondern pädagogisches Handeln kann sich nur auf die *wissenschaftlich* erstellten und begründeten Regeln der Rechtschreibung beziehen. Sie gelten allein auf Grund sprachwissenschaftlicher Verfahren. Diese Verfahren zu erkennen ist z. B. Lehrziel des Deutschunterrichts. So schreibt Alfred Petzelt:

„Um so mehr haben wir Anlaß, das methodologische Problem zu betonen. Die Lehrgüter gliedern sich wie die Wissenschaften und Geltungsgebiete zu einem System, dessen Grundlagen und Struktur die philosophische Wissenschaftstheorie untersucht. Sie bemüht sich um die Eigenart des mathematischen oder historischen Urteils, untersucht die Grundlagen der Naturwissenschaft, sieht das physikalische Urteil im Unterschied und im Zusammenhang zum chemischen und biologischen ‚ist', [...] in ihr kommen jene Faktoren zum Ausdruck, die jedes Gebiet spezifisch machen, so daß die Zusammenhänge und Unterschiede zwischen den Regionen [des Wissens, V.L.] eindeutig werden [...]. Sie muß als Theorie des Urteils bzw. als Methodenlehre frei sein von jeder inhaltsgleichgültigen, also formalen Absonderung. *Was für die Wissenschaftslehre gilt, das muß für die Theorie des Lehrguts gelten.* Pädagogik kann unter keinen Umständen irgendeine Isolierung ihrer Forderungen von der Struktur des Lehrgutes rechtfertigen. Unter pädagogischer Sicht, das will sagen im grundsätzlichen Lehrer-Schüler-Verhältnis gesehen, wiederholen sich hier die Probleme aller Wissenschaftstheorie. Keine Pädagogik ist in der Lage, auf sie zu verzichten, sie erhält vielmehr aus ihnen die Grundlagen ihres Tuns im Sinne der Mannigfaltigkeit ihrer Prozesse. *Am Ende soll der Schüler nicht bloß urteilen lernen, sondern er soll [z. B., V.L.] im historischen Urteil, das er produziert, die Eigenart der [historischen, V.L.] Geltung spüren, wie er im physikalischen Urteil den Eigenwert der Physik angesichts eines Naturgesetzes festzulegen lernt. [...] Das Lehrgut beansprucht das Recht, gelehrt zu werden, wie es seinem Begriffe nach ist. Es ‚ist' aber jeweilig in seiner besonderen Struktur als Glied einer bestimmten Wissenschaft gesondert zu sehen.*"[215]

Wissenschaften verweisen durch Methode und Interesse auf ein Proprium, so dass eine Wissenschaft nicht durch eine andere zu *ersetzen* oder zu *überhöhen* ist. Dieser Grundsatz hat Folgen für die Gestaltung von Schulunterricht: „Die Einzeldisziplinen sind auf ihre spezifischen Fundamente zu untersuchen, damit die einzelnen Invarianten der Wissenschaften eindeutig werden. Zugleich verlangen diese Konstanten nach Systematik, in ihnen zeigt sich der Zusammenhang der Wissenschaften.[216] Von ihnen hängt der siche-

---

215 Petzelt, Alfred: Grundzüge systematischer Pädagogik. Freiburg/Br. 1964. (3. Aufl.). S. 114f. Hervorheb. v. mir, V. L.

216 Gemeint ist: ‚der Zusammenhang der Aussagen innerhalb einer Wissenschaft zu einem Paradigma mit festgelegten Diskursregeln': Einen Baum als „schön" zu qualifizieren entzieht sich der Diskursregel der Biologie, ebenso wie die Aussage, dass Bäume im Ökosystem nützlich sind, sich einer Theorie der Malerei entzieht. Erst innerhalb eines Diskurssystems gewinnen Aussagen überhaupt Bedeutung. V. L.

re Gang jeder einzelnen Wissenschaft ab. *Auch der Weg des Unterrichtes muss sich in ihnen neu gründen lassen.*"[217]

Der reguläre Fachunterricht hängt also weniger *inhaltlich/curricular* von der Bezugswissenschaft ab; vielmehr hängt er *methodisch* von der Bezugswissenschaft ab, als *alle* seine Inhalte wissenschaftsmethodisch verifizierbar sein *müssen* bzw. *nur* mit den Methoden der Wissenschaft erarbeitet werden können:

1. Was Eltern „sind", kann man im Pädagogikunterricht nicht durch *Lernspiele* und *Mindmaps* klären, sondern *nur*, wenn man mit fachwissenschaftlichen Methoden danach fragt, wie Kinder auf die Welt kommen und zu Erwachsenen werden. Bei der Beantwortung der Frage wird sich herausstellen, dass es biologische, historische, soziologische und politische Methoden gibt, mit denen die Frage beantwortet wird, was „Eltern" sind. Die Antworten gehen nicht auseinander hervor und müssen nicht passend zueinander stehen. So lässt sich mit der empirischen Methode der Soziologie zwar klären, wie Familien derzeit leben, nicht aber wie eine gelungene Eltern-Kind-Beziehung im Einzelfall gestaltet werden *soll*. Mit der Vererbungslehre lässt sich nicht klären, welche *pädagogischen* Bezüge Eltern im Unterschied zu Lehrern zu „ihren" Kindern haben usw.

2. Die Schülerinnen und Schüler lernen nicht *durch Referate* Begründetes über psychosoziale, kognitive oder moralische Entwicklung von Kindern und Jugendlichen. Vielmehr müssen sie erkennen, dass es Modelle menschlicher Entwicklung gibt, die auf der Anwendung psychosozialer, denkpsychologischer oder moralphilosophischer Methoden fußen. Sie müssen weiter erkennen, dass sie diese Ergebnisse im Pädagogikunterricht – wie es zu Recht im Kernlehrplan Erziehungswissenschaft heißt – „aus pädagogischer Perspektive" „erläutern" können.[218] Hierzu bedürfen die Schülerinnen und Schüler allerdings vorab der Kenntnisse über spezifisch erziehungswissenschaftliche Methoden – und eines, diesen Methoden vorausliegenden, Begriffs dessen, was pädagogische Wissenschaft von anderen Wissenschaften unterscheidet.[219]

---

217 Petzelt: Grundzüge systematischer Pädagogik. S. 210. Hervorheb. v. mir, V. L.

218 Ministerium für Schule und Weiterbildung des Landes Nordrhein-Westfalen (Hg.): Kernlehrplan für die Sekundarstufe II Gymnasium/Gesamtschule in Nordrhein-Westfalen. Kernlehrplan Erziehungswissenschaft. 2014. S. 27. http://www.schulentwicklung.nrw.de/lehrplaene/upload/klp_SII/pa/KLP_GOSt_Erziehungswissenschaft.pdf (Abruf am 11.06.2015).

219 Vgl. dazu Kohlberg aus pädagogischer Perspektive: Regenbrecht, Aloysius: Kohlbergs Theorie der moralischen Erziehung. In: Vierteljahrsschrift für wissenschaftliche Pädagogik 64 (1988). S. 80–102.

Ganz in diesem Sinne nehmen Jürgen Rekus und Thomas Mikhail diesen Ansatz weiterführend auf: „Es erscheint sinnvoll, die Unterrichtsaktivität des Schülers als ‚Methode' zu bezeichnen, im Unterschied zur unterrichtlichen Aktivität des Lehrers [...]. Mit ‚Methode' läßt sich die spezifisch definierte Aktivität bezeichnen, die [...] erst ein eindeutiges Thema und ein bestimmtes Ziel des Unterrichts *konstituiert*. Hier hat die Forderung nach Wissenschaftsorientierung ihren systematischen Ort. Denn sie bedeutet in methodischer Hinsicht, daß die Schüler den in den Wissenschaften vorgezeichneten Untersuchungsschritten, Verfahren, Arbeitsweisen, Techniken, Strategien usw. als definierte Wege des Fragens und Urteilens folgen sollen, damit sie zu eindeutigen Unterrichtsergebnissen, d.h. zu richtigem Wissen gelangen. Hier hat jedes wissenschaftliche Fachgebiet eigene methodologische Bedingungen."[220]

Festzuhalten bleibt: Es ist sinnvoll und weiterführend, zwei grundlegende Methoden zu unterscheiden, die in jedem Unterricht strukturbildend sind: Einmal die gegenstandskonstituierende Methode und zum anderen jene Methode, mit der die gegenstandskonstituierende Methode angestoßen wird. Der Schüler kann die anteilige Schichtung in der Gesellschaft erkennen, wenn er eine Statistik analysiert. Die Analyse der Statistik ist also die gegenstandskonstituierende Methode. Der Lehrende indessen fordert den Schüler auf, die Statistik systematisch zu deuten – das wäre im Sprachgebrauch von Rekus und Mikhail die Lehrmethode. Lehren heißt also demnach zu Recht „Aufforderung zu Selbsttätigkeit" – und erst diese *Selbsttätigkeit* lässt den Gegenstand erkennen ... nicht etwa die *Aufforderung*. Der Lehrersatz „Schau dir einmal die Statistik an und beschreibe, was du siehst!" beinhaltet keinerlei sachdienliche Erkenntnisse. Aber ohne diese Aufforderung, wäre es dem Zufall überlassen, ob der Schüler die Statistik ansieht, um die Struktur unserer Gesellschaft zu erkennen.

---

220 Rekus, Jürgen: Bildung und Moral. Zur Einheit von Rationalität und Moralität in Schule und Unterricht. Weinheim-Basel 1993. S. 201. Hervorheb. v. mir, V. L.

4. Konsequenzen für den Pädagogikunterricht

4.1 Die wissenschaftsmethodische Grundlegung des Pädagogikunterrichts

Bevor diese Doppelung des Methodenbegriffs unterrichtspraktisch ausgelegt wird, muss bestimmt werden,

1. was das Fach Pädagogik „ausmacht",
2. wie sich Pädagogik von anderen Wissenschaften unterscheidet – und schließlich,
3. welche Methoden in der wissenschaftlichen Pädagogik zulässig sind.

Pädagogik ist die Theorie der Anleitung zu vernünftigen Antworten im Hinblick auf die Bildsamkeit des Menschen, d. h. auf seine apriorische Freiheit, sich selbst Zwecke setzen zu können. Diese Antwort steht unter dem Anspruch wahr und sittlich zu sein, denn ohne einen *Geltungsanspruch* wären alle Handlungen schon richtig und Pädagogik daher überflüssig. Im Hinblick auf die Bildsamkeit des Menschen unterscheidet sich die Pädagogik von anderen, mit der Gestaltung des menschlichen Lebens befassten Wissenschaften dadurch, dass pädagogisches Wissen sich nur auf das bezieht, was von der Natur nicht festgelegt ist und von der Gesellschaft nicht informell bestimmt werden soll und daher mittels Vernunft gelernt werden muss.

Mit Dietrich Benner[221] lassen sich (metatheoretisch) in der gesamten Pädagogik (Erziehungswissenschaft) drei Wissensformen und daher drei Methodenkonzepte unterscheiden:

1. Hermeneutische Methoden (Texte verstehen und immanent prüfen; Situationen verstehen, deuten, ordnen)
2. Quantitativ empirische Methoden (Daten erheben, Hypothesen prüfen)
3. Normreflektierende Methoden (pädagogisches Handeln (Ziele, Inhalte, Verfahren, Medien) begründen oder prüfen)

---

221 Benner, Dietrich: Hauptströmungen der Erziehungswissenschaft. Eine Systematik traditioneller und moderner Theorien. Vierte nochmals verbesserte und um ein Sach- und Namensregister ergänzte Auflage. Weinheim-Basel 2001.

Diese Methoden können ausdifferenziert werden.

Aus erkenntnistheoretischer Sicht ist *jeder* moderne Pädagogikunterricht auf diese drei grundlegenden Wissenschaftsmethoden verwiesen.

Metatheorie über die Methoden der Erziehungswissenschaft		
Hermeneutische Methoden	Quantitativ empirische Methoden	Normreflektierende Methoden

4.2 Die beiden Methoden des Pädagogikunterrichts: Bilanz und Problematisierung

Ich beziehe die bisherigen Überlegungen nun auf ein Beispiel aus dem Pädagogikunterricht – und beschreibe dabei ein Problem, das zum nächsten Kapitel führen wird.

Ein aktueller „Lehrplan Erziehungswissenschaft" gibt als Lernziel an:

> „Die Schülerinnen und Schüler erörtern kontroverse pädagogische Vorstellungen zu Entwicklung und Sozialisation sowie die Geltungsansprüche dieser Vorstellungen"[222].

Die erwähnten „Vorstellungen" finden sich in Texten von Vertretern der Entwicklungs- bzw. Sozialisationstheorie – ebenso wie die pädagogischen Kommentare („Kontroversen") zu diesen Theorien. Die Forschungen der Fachwissenschaft selbst können theoretisch, situationshermeneutisch oder quantitativ bzw. qualitativ empirisch erfolgt sein. Die Fachwissenschaft ist also nach Methoden ausdifferenziert, so dass es nur je *von ihren Methoden abhängige* pädagogische Antworten gibt: hermeneutische, empirische und normative. In allen Fällen ist die Darstellungsform der Fachwissenschaft ein Text (selbst bei empirischen Studien steht am Ende ein Text in Form einer Tabelle). Die systematische Wahrnehmung wissenschaftlicher Texte ist ein Teil der Forschung und somit eine Forschungsmethode – etwa in der hermeneutischen Pädagogik.

Der Stundenverlauf muss also dieser Sach- bzw. Darstellungslogik folgen. Das Lehr-Verfahren könnte nun einerseits darin bestehen, die Schülerinnen

---

222 Ministerium für Schule und Weiterbildung des Landes Nordrhein-Westfalen (Hg.): Kernlehrplan für die Sekundarstufe II Gymnasium/Gesamtschule in Nordrhein-Westfalen. Kernlehrplan Erziehungswissenschaft. 2014. S. 28.

und Schüler aufzufordern, zwei Lexikonartikel zur Sozialisation zu lesen, einen aus einem Lexikon der Soziologie[223] und einen anderen aus einem Wörterbuch der Pädagogik[224]. Aber weder die Texte noch die Aufforderung zum Lesen *allein* würden zu einem Unterrichtsprozess führen. Vielmehr wären z.B. Fragen zu formulieren, etwa jene,

1. ob allen Kursteilnehmern ein lesbarerer Text vorliegt;
2. ob alle Kursteilnehmer den Text gelesen haben;
3. ob alle Worte verstanden wurden;
4. ob alle die Texte gliedern können;
5. ob Textbelege für die These gesucht werden können, dass Erziehung als Teil (Weiß) oder Gegenpart (Böhm) zur Sozialisation gedacht wird;
6. ob Textbelege für die These gesucht werden können, dass der Sozialisationsbegriff intentionale Maßnahmen ebenso wie nichtintentionale Einflüsse subsummiert;
7. ob Textbelege gesucht werden können, die verdeutlichen, mit welchen Forschungsmethoden Sozialisationstheorien arbeiten.

Erst diese (und viele weitere) Fragen initiieren ja *die Arbeit* mit dem Text, also die Anwendung der Forschungsmethode „Verstehen" (aus dem Bereich der Hermeneutik) zur Konstitution des Gegenstandes.

Der Lehrer organisiert nicht nur, sondern er fädelt sich mit seiner Aufforderung in die *Konstitution* des Gegenstands ein. Er lässt gewissermaßen die Lernenden nicht einfach die Texte lesen, sondern leitet das Sehen/Lesen so an, als ob er selbst sähe oder läse. Der Lehrer ist also in die Gegenstandskonstitution involviert, insofern er *gemeinsam mit den Lernenden* den Gegenstand in einzelnen Schritten *erarbeitet*, nämlich die Rekonstruktion der Sozialisationstheorien und ihre pädagogischen Kommentierungen. Vielleicht wird er zuvor Fremdwörter und Fachbegriffe erläutern und Verständnisfragen beantworten. Er wird gut lesbare Kopien angefertigt haben, mit Zeilennummerierung und genügend Rand und Zeilenabstand.

Zweierlei fällt auf:
1. Der Gegenstand wird nicht nur durch die Aktivität des Lernenden konstituiert (denn dann bräuchte er keinen Lehrenden) sondern gemeinsam mit dem Lehrenden. Eben dies nennt man Unterricht: Die intendierte *Ergänzung* der bisherigen Erfahrungen (Herbart).

---

223 Weiß, Wolfgang W.: (Art.:) Sozialisation. In: Schäfers, Bernhard (Hg.): Grundbegriffe der Soziologie. Opladen 1992 (3. Aufl.). S. 269–271.
224 Böhm, Winfried: Wörterbuch der Pädagogik. 16., vollständig überarbeitete Auflage unter Mitarbeit von Frithjof Grell. Stuttgart 2005. S. 569f.

2. Diese Tätigkeiten des *Lehrenden* unterscheiden sich in Bezug auf den zu konstituierenden Gegenstand. Manche Tätigkeiten des Lehrenden betreffen den Gegenstand direkt („Was meint Weiß mit dem Wort *extrauterin?*“) und haben eine inhaltliche Bedeutung; manche Tätigkeiten des Lehrenden sind indirekt (Bereitstellung von Kopien) und haben für den Gegenstand selbst (die Sozialisationstheorie) keinerlei Bedeutung: „Haben alle den Text vorliegen?“

Beide Tätigkeiten des Lehrenden leiten aber den Unterrichtsverlauf. So einleuchtend also die Unterscheidung von gegenstandskonstituierender Methode und Lehrmethode ist, so sehr bleiben noch Fragen offen.

5. Die Differenz von Methode und Technik

Um die genannte Beobachtung einordnen zu können, haben Karl Georg Pöppel und Jürgen Rekus *Methoden* von *Techniken* unterschieden. Diese Unterscheidung betrifft sowohl die Tätigkeiten des Lernenden wie jene des Lehrenden. Pöppel und Rekus kommen nun zur Differenzierung in Lehr-Lern*methoden* und Lehr-Lern*techniken*.

Lehrender	Lehrmethode	Lehrtechnik
Lernender	Lernmethode	Lerntechnik

Methoden konstituieren den Gegenstand, einmal, wenn der Schüler selbst die Konstitution vornimmt, aber zum anderen auch, wenn der Lehrer ihn dabei *inhaltlich* begleitet. Dann erst ist überhaupt eine pädagogische Situation geschaffen. (Selbsttätigkeit ohne Anleitung ist kein pädagogischer Prozess.) Wenn der Lehrende z. B. bei der Textinterpretation Textbelege anders deutet als ein Schüler, mischt er sich *in die gegenstandskonstituierende Methode* so ein, als wenn er selbst den Gegenstand erst noch denken müsste. Er kann Aussagen inhaltlich bezweifeln, Belege für Aussagen einfordern, nach Differenzierungen einer Aussage fragen, eine Gegenthese zu einer konkreten These aufstellen, um ein hier passendes Beispiel bitten – kurz: er leitet die gemeinsame Interpretation an.

Techniken dagegen haben keine Bedeutung hinsichtlich des Gegenstandes, sondern nur eine dienende Funktion: Durch den Akt der Textreduktion, des Fotokopierens oder der Zeilennummerierung *allein* wird noch nichts am Gegenstand erkannt oder zum Erkennen aufgegeben. Pöppel schreibt: „Lehr- und Lerntechniken haben keinen Selbstwert, sondern lediglich einen Relationswert"[225]. Sie sind im Hinblick auf das Lehrziel *inhaltsleer*. Sie sind keinesfalls unwichtig, aber eben *nur* Mittel zu einem Zweck. Der Zweck des Unterrichts ist die erkenntnisgeleitete Gegenstandskonstitution, also z. B. das Unterrichtsgespräch, in dem eine immer genauere Definition des Begriffs „Sozialisation" erfolgt. Ob man dazu das Whiteboard oder die Tafel benutzt, ist nur eine Frage der passenden Technik. Aber benutzen muss man etwas: „Das ‚fraglose' Verfügenkönnen, das ‚beiläufige' Handhaben von Lehr- und Lerntechniken hat seinen Wert darin, daß sie Lehrer und Schüler entlasten sollen für jene produktiven und kreativen Erkenntnis- und Gestaltungsleistungen, vor die sie im Unterricht gestellt sind. Lehr- und Lern*techniken*

---

225 Pöppel, Karl Gerhard: Unterrichten – Grundzüge und Gestaltungsformen des Lehrens und Lernens. Hildesheim 1992. S. 95. Hervorheb. v. mir, V. L.

begleiten nicht nur, sie unterstützen, ja ermöglichen erst die unterrichts*me-thodische* Führung des Lehrers und die methodische Arbeit des Schülers."[226] Der Einsatz von Lehr*techniken* ist insofern eine wichtige Arbeit des Lehrenden, als er sich hierdurch *zunehmend* aus der inhaltlichen Konstitution des Gegenstands herausnehmen kann, bis dahin, dass die Schüler allein den Gegenstand konstituieren – was etwa in der Klausur geschieht. Hier müssen Schüler ohne inhaltliche Anleitung (gleichwohl mit technischen Mitteln wie Stift, Klausurpapier und Textvorlage), ganz allein die gegenstandskonstituierenden Methoden anwenden und die Frage beantworten, z. B.:

> „Welche der anhand von Weiß und Böhm erarbeiteten Argumentationen nehmen Bauer und Hurrelmann in ihrem Lexikonartikel[227] auf? Wie versuchen sie, die (im Unterricht erarbeiteten) Problematisierungen zu lösen? Bewerten Sie den Lösungsversuch!"

Bei der Überprüfungsarbeit ist der Lernende *ausschließlich* auf seine erworbenen methodenkonstituierenden Kenntnisse und Fähigkeiten (Fachmethoden) angewiesen und soll per Definition auf jegliche Hilfe verzichten.

Eine Technik auf der Schülerseite ist das, was im Augenblick unter dem Schlagwort „Lernen des Lernens" gefasst wird: Darunter sind technische Verfahren aufgeführt, die das Lernen unterstützen, ohne schon Inhalte zu erzeugen: Unterstreichungstechniken, Karteikästen zum Vokabellernen usw. Sie sind ebenso *inhaltsleer* wie die Lehrtechniken und bekommen ihren Sinn *allein* als Unterstützung der Lernmethoden:

- Man muss einen Zirkel richtig benutzen können, um mit Lineal und Zirkel eine Strecke zu halbieren. Aber nicht jeder, der Zirkel und Lineal benutzen kann, kann schon damit eine Strecke halbieren.
- Man muss buchstabieren können, um ein Wort zu verstehen. Aber nicht jeder, der buchstabieren kann, versteht auch das buchstabierte Wort (z. B. einer Fremdsprache).
- Man muss einen Stift halten und regelkonform schreiben können, um einen Gedanken adäquat auszudrücken. Aber die richtige Stifthaltung und dudenkonformes Schreiben allein konstituieren noch keinen Gedanken.

Da sich Lehr- und Lerntechniken auf spezielle, eigens für den Unterricht hergestellte Medien beziehen, ist nicht vorauszusetzen, dass Lerntechniken auch lebensweltliche Bedeutung haben. Sie beziehen sich zuallererst und

---

226 Pöppel: Unterrichten. S. 95. Hervorheb. v. mir, V. L.
227 Bauer, Ullrich; Hurrelmann, Klaus: Sozialisation. In: Lexikon Pädagogik. Hg. v. Heinz-Elmar Tenorth und Rudolf Tippelt. Weinheim-Basel 2007. S. 672–675.

ausdrücklich auf den Umgang mit eigens für das Lernen hergestellten Medien – anders als in der Vormoderne, in der Lerntechniken immer auch Lernmethoden waren (Vgl. Kap.1: Modell 1): Der Acker wurde vom Bauernsohn nicht zur Probe gepflügt, und die kleine Schwester wurde nicht zur Probe gewickelt. Mit der Einführung von Lernmedien ändert sich dies grundlegend. So wird niemand im Alltag eine Strecke mit Zirkel und Lineal teilen, wenn er ein Bild an der Wand mittig aufhängen will, obwohl er den technischen Umgang mit dem Zirkel im Unterricht geübt hat. Es wird auch niemand im Alltag seine Morgenzeitung auf Leitvokabeln untersuchen und wichtige Stellen unterstreichen – auch wenn er diese Technik im Unterricht gelernt hat. Lerntechniken müssen nicht handlungsrelevant sein. Nur Lernmethoden sind handlungsrelevant.

Wir kommen also zu folgender Übersicht:

Lernmethoden konstituieren den Gegenstand	*Lehrmethoden* fordern zu Lernmethoden auf
Lerntechniken ermöglichen, unterstützen oder erleichtern Lernmethoden	*Lehrtechniken* ermöglichen, unterstützen oder erleichtern Lehrmethoden und Lernmethoden

Für den Pädagogikunterricht können wir für das genannte Beispiel konkretisieren:

Lernmethoden methodisches, d.h. hermeneutisch kontrolliertes, Verstehen eines Textes	*Lehrmethoden* Dialog
Lerntechniken Unterstreichen, mehrmaliges Lesen	*Lehrtechniken* Körpersprache, Diskussionsleitung

Mit diesem Begriffsapparat können wir Unterricht vielleicht besser beschreiben und planen:

1. Ausgangspunkt der Stundenplanung muss die Frage sein, mit welcher Fachmethode der spezifische Gegenstand zu konstituieren ist – in der Pädagogik ist es der Dreiklang aus Hermeneutik, Empirie und normativer Reflexion. Mittels dieser Methoden *muss* der Gegenstand zu konstituieren sein – und die Lernzielüberprüfung wird eben dies verlangen: Eigenständig mit den passenden Methoden den Gegenstand (die Antwort auf die Klausurfrage) zu konstituieren.

2. Im nächsten Schritt werden Lehrende überlegen, was anzustellen und bereitzustellen ist, um dieses Ziel zu erreichen, einmal (a) in inhaltlicher Perspektive und einmal (b) in technischer Perspektive:

   a) Inhaltlich können es Texte, kleine Experimente, Beobachtungen oder normative Überlegungen sein.

   b) Aus technischer Sicht müssen nun die Materialen bereitgestellt werden, die die Lehr-Lernmethode unterstützen sollen.

Je nach Grad der Selbstständigkeit der Schüler werden die Lehrenden ihre Lehrmethode dosieren, indem sie sich im Unterrichtsgespräch mehr oder weniger zurücknehmen, immer mit dem Ziel, sich *am Ende* methodisch überflüssig gemacht zu haben und Selbsttätigkeit in Selbstständigkeit übergehen zu lassen.

3. Die Stundenreflexion (oder der Test) ist dann Hinweis darauf, inwiefern die gegenstandkonstituierende Methode eigenständig angewendet werden kann, der Lernprozess also erfolgreich war.

6. Zusammenfassung

Wissenschaftsfundierter Pädagogikunterricht muss an den zentralen Methoden pädagogischer Forschung orientiert sein, also an hermeneutischen, empirischen und normbegründenden Methoden.

Zum Gelingen des Unterrichts gehören auch die Techniken wie Textanalysen aller Art, Umgang mit Statistik, Befragungen, Beobachtungen usw.

Als Lehrmethoden sind jene geeignet, die dem Schüler dazu verhelfen, den Gegenstand selbsttätig zu konstituieren.